林惠嘉：李安背後的大女人
Lin Huey-chia: The Superwoman behind Ang Lee

By Chang C. Chen, PhD, JD 邱龍

copyright©2022 by Chang C. Chen

All rights reserved

No part of this book may be reproduced or utilized in any form or by any means, electronic or mechanical, or by any information storage or retrieval system, without written permission from the publisher.

ISBN : 978-1-949736-46-5

LCCN : 1346203875

Includes bibliographical references.

目錄 | CONTENTS

Herstory: in her own words　　　　　　　　6

Herstory- 美國華人女性口述歷史系列　　　7

衷心感謝　　　　　　　　　　　　　　　9

作者序　　　　　　　　　　　　　　　　10

推薦序

　　她，不僅是李安的推手　　　　　　　14

　　他們是彼此完美的互補　　　　　　　17

　　她是無敵女超人　　　　　　　　　　20

我出生了　　　　　　　　　　　　　　　22

沒有聲音的爸爸　　　　　　　　　　　　23

父親的童年　　　　　　　　　　　　　　24

三代童養媳　　　　　　　　　　　　　　25

銘傳國小的記憶　　　　　　　　　　　　26

考上再興初中　　　　　　　　　　　　　27

北一女的快樂時光　　　　　　　　　　　28

我對體罰的記憶　　　　　　　　　　　　29

進入台大農化系　　　　　　　　　　　　29

媽媽是個精明的生意人　　　　　　　　　32

媽媽老了　　　　　　　　　　　　　　　34

爸媽的親戚　　　　　　　　　　　　　　35

初識李安　　　　　　　　　　　　　　　37

嫁給李安	42
蜜月是我的苦月	43
獨立產子	45
我兒阿貓	48
我兒石頭	55
記得李安第一次得獎	58
買車的惡夢	58
李安數螞蟻的六年	60
難忘 1989	61
李安開始寫劇本	63
劇本「推手」、「喜宴」得獎	64
「推手」、「喜宴」拍成電影	65
電影這個小宇宙	70
李安拍片的軼事趣聞	73
2000 年「臥虎藏龍」的選角	75
2003 年「綠巨人」	77
2005 年「斷背山」	79
2007 年「色戒」	80
2009 年「胡士托風波」	82
2012 年「Life of Pi」	83
2019 年「雙子殺手 Gemini Man」	86
拍電影步步為營	87
劇本	87

拍片天天有意外　　　　　　　　　　90

　　　分鏡　　　　　　　　　　　　　　91

　　　化妝與服裝　　　　　　　　　　　93

　　　配音與音樂　　　　　　　　　　　93

　　　剪接　　　　　　　　　　　　　　95

　　　發行與宣傳　　　　　　　　　　　95

　　　票房　　　　　　　　　　　　　　97

　　　首映　　　　　　　　　　　　　　98

談我自己　　　　　　　　　　　　　　　98

我的博士論文　　　　　　　　　　　　　100

大明星 JP 的客廳　　　　　　　　　　　103

我只能掌控 2.5 小時內的事　　　　　　　104

作為網紅　　　　　　　　　　　　　　　105

我們家沒人理財　　　　　　　　　　　　106

我的一天　　　　　　　　　　　　　　　107

李安父親過世　　　　　　　　　　　　　109

好命的婆婆　　　　　　　　　　　　　　111

我的健康故事　　　　　　　　　　　　　111

我沒有宗教信仰　　　　　　　　　　　　113

最愛旅行　　　　　　　　　　　　　　　114

最近看了一本書　　　　　　　　　　　　117

"Herstory: in her own words"

Oral History of Chinese American Women Series

Preface

Since 1960, many of Taiwan's elite college women graduates began a movement to study at leading American graduate schools. They are called the Overachiever Generation. The situation changed drastically in 2000 when China emerged as a world economic power. American schools were no longer the only option, and most of Taiwan's youth choose to further their studies and work in China where language and culture are not barriers.

In 2014, I met Dr. Chang Yu-Tung, Director of the National History Museum of Taiwan. Dr. Chang convinced me to curate an exhibition, "Herstory—the Legal History of Chinese American Women." It suddenly dawned on me that I should record the oral history of those groundbreaking Chinese American women whenever I had a chance to meet them for the exhibition.

When I was growing up in Taiwan, I did not see any woman leaders in any profession. But the women I met through the Herstory exhibition were different. They endured the most difficult challenges and they faced hostility and criticism. Eventually, they found creative ways to overcome barriers and made it to the top.

Now, facing the sunset of their lives, how do they help their American born children understand their extraordinary achievements? How do they pass on their experiences and wisdom? Being a member of the Overachiever Generation myself, I passionately want to preserve their legacy and glorious history.

Today, the thirteenth printed book in the series of Chinese American Women is published. It is entitled, "Lin Huey-chia: The Superwoman behind Ang Lee". I hope you will share our joy and help us introduce our series to your younger friends, hopefully to assist them in achieving their goals, to remember the past, and to encourage other Chinese American women to be proud of what we have accomplished.

| 前言 |
Herstory-美國華人女性口述歷史系列

從 1960 年開始，一批批台灣最優秀的女性學子至美國求學，沒拿到博士學位的幾乎無顏回家見江東父老。這些留學生世代被稱為「高成就世代」(Overachiever Generation)。

情況到 2000 年起了變化，中國崛起，製造了可觀的經濟機會。到美國留學的中國年輕人愈來愈多，也排擠了台灣年輕人到美國求學的機會，而當年決定留在 美國高就的留學生，除了國籍變更之外，也面臨了文化斷層，沒有台灣年輕人接班了，他們的風光即將埋入歷史。

我也是這群「高成就世代」的人，我常苦思如何在我們因年齡而隨風飄逝之前， 保留住這段輝煌。2014 年，我因緣際會認識了台灣國立歷史博物館館長張譽騰博士， 受邀策展 HERSTORY- 美國華人女性法律史，也因之認識許多傑出的美 國華人女性， 我忽然想到，何不為這些創造歷史的女性錄製口述歷史？

看著她們已經灰白的頭和智慧的眼睛，這群不凡的女性是我在長大時沒在職場看到的。她們當年面對了最艱困的環境以及周遭不懷好意的眼神，卻依舊披荊斬棘、開天闢地，成為各行各業的第一。

她們已經逐漸老去，她們生在美國只會講英文的子女，如何了解母親之不凡？而她們的經驗及智慧又如何承傳？今天年輕的華人女性要在職場出頭天依舊困難重重，這種困難從她們選擇志業的第一天就開始了，誰來指路？我以為這群曾經打破職場玻璃屋頂的女性，她們可以做為年輕一代的典範 (role model) 及指路明燈，她們經驗豐富的歷史可以透過口述及多媒體呈現，傳承下去。

今天，華人女性口述歷史叢書的第十三本《林惠嘉：李安背後的大女人》出版了，希望大家分享我們的喜悅，把此系列叢書介紹給年輕的朋友，協助她們立志，介紹給同輩的朋友，讓她們緬懷，介紹給其他華人女性，讓大家同感驕傲。謝謝！

2022 年於舊金山

衷心感謝 Acknowledgement

「林惠嘉：李安背後的大女人」是華人女性口述歷史系列裡的第十三本，能夠完成這本書我第一個要感謝江漢。

認識江漢已經很久了，可是我們並沒有常常聯絡，最近因為一個偶然，他鄉遇故知，我們加足馬力、天南地北的聊天敘舊。有天他忽然講到李安夫人林惠嘉，而我正在做美國華人女性口述歷史系列，非常希望能夠訪問到林惠嘉，江漢說他可以說服她，我跟林惠嘉的緣份就接上了。

林惠嘉是位有高深智慧、絕頂聰明的大女人，李安家的內憂外患、大事小事、老弱婦孺，全靠林惠嘉一手搞定，她把「男主外、女主內」的治家守則，用她拿微生物學博士的毅力，發揮得淋漓盡致。

當然人生不可能沒有遺憾，這些遺憾要不要講？該怎麼講？就是我和林惠嘉之間比較大的岐異了，但因為她對江漢的全然信任，所以現在完書了。

江漢本身是個很受歡迎的電視節目主持人，在每個禮拜出節目的壓力之下，他還替這本書一個字一個字的精雕細琢，校對至少三遍，實在夠朋友。我請聯合報文教基金會的邱文通替我找人設計封面，沒想到他看完書稿以後，清晨兩點就打電話到舊金山來把我吵醒，急吼吼的說，「情深意切，感人至極！」我衷心的替林惠嘉感到高興，這麼多年的風風雨雨，他們是先苦後樂，然後走到今天的名滿天下。根據林惠嘉，李安對自己拍電影只有一個要求，就是要越拍越好。拍電影要成功，四萬八千種緣分都要具備，所以他們對自己的要求也會越來越高。我祝福他們：心想事成，一切順利。

我還要向紅藍出版社的陳世芳總經理及陳羿每女士，久大寰宇劉麗湘總經理、吳啟孝大律師，出版人劉彥，摯友陳振台教授，邱文通執行長、陳淑英女士、簡淑惠女士、翁譽敏小姐，著名設計人李名果執最高敬禮，沒有你們，也不會有這本書。

作者序

跟林惠嘉一席話，令我終生難忘，她是一個善良、反應極快的高級知識份子，她也像一個行俠仗義、遊走江湖的女俠。

她的命運在認識李安以前相當的寫意、瀟灑，認識李安之後，她就面對了人生最大的考驗，做妻子、做母親、做女兒，她都做的很成功，只是這種成功是以幸福為代價的。

女性，不一定要結婚吧！

婚姻制度的設計其實對中國的女性非常不利，那是為了照顧男性及他原生家庭而設計的，所以男人會急著結婚、急著再婚，他能得到的好處太多了，他只要找個看得順眼的人來照顧全家老小就成了，還免費，他沒有照顧自己的本事，也不屑有。

討論婚嫁時，沒人為女性著想，沒人在乎她是否會得到幸福。而雙方家長都忙著確認：她是否符合高級照顧師的條件：她是否好看、是否能生、是否能侍候公婆。

女人，虧大了。

李安的才華蓋世，思緒縝密，世所皆知，如果說他的頭腦沒有用在選太太上，可能嗎？

李安是 29 歲結婚的，他似乎從來沒有其他女朋友。他的擇偶條件是什麼？絕不是那短暫的、激情的愛，林惠嘉說了，我們從沒說「我愛你」，李安的告白是「我非常依賴她」，依賴她的生、養兒子、照顧家中瑣事，安排休閒行程，傾訴苦惱，說白了就是管家兼傭人兼保姆兼心理治療師，還依賴她的智慧、危

機處理、及各種生活上的常識及能力,而林惠嘉是以微生物學博士的身分,從天而降,去做這些他老公拒絕做的大小事。

李安一天到晚全世界勘景、拍片、麻煩的事一大堆,他最不需要的就是娶個影后或世界小姐,自戀又自私,還要他安撫她隨時會爆發的小姐脾氣,這說明了為什麼李安儘管每天美女環繞,卻從來沒有緋聞。

李安,是個明白人!佩服之至。

本書作者 邱彰律師

美國華人女性口述歷史系列
The Oral History of Chinese American Women Series

1	居蜜:民國文化傳承 Chu Mi: A Daughter of the Chinese Republican Era
2	陳李琬若:第一位美國華人女市長 Lily Lee Chen : The First Chinese American Woman Mayor
3	美國中華美食教母江孫芸 Cecilia Chiang : Godmother of Chinese American Cuisine
4	黃金女傑林麗娟的傳奇 Lin Li-Chuan : Pioneer in Gold Commodity Trading
5	胡匡政:風雨中的仁醫 Kuang-Chung Hu Chien : The Compassionate Doctor of Harlem
6	一位改變台灣命運的賢妻:崔蓉芝 A Good Wife Who Changed Taiwan's Destiny: Helen Liu
7	居美:驚艷中東 Mae Chu : Empowering Girls in the Middle East and Beyond
8	美麗人生:呂秀蓮時空博物館 A Beautiful Life: Annette Lu Oral History
9	上海明珠:王詳明口述歷史 The Pearl of Shanghai : Oral History of Gloria Wang
10	傷痕文學第一人:陳若曦 The First Lady of Scar Literature : Lucy Hsiu-Mei Chen
11	台灣首位喜劇女神:張琍敏 Taiwan's First Queen of Comedy : Misty Chang
12	陳駿:獨步海神花 Jun Chen : Pioneer of California's King Protea

美國華人女性法律史系列
Herstory : The Legal History of Chinese American Women Series

1   Herstory--the Legal History of Chinese American Women (2016)

---

2   Herstory 2--The Legal History of Chinese American Women (2021)

| 推薦序 |

她，不僅是李安的「推手」

蔡國榮
世新大學教授

讀完掩卷第一個感覺是情真意切，相當感動。

我和傳主惠嘉並不是那麼熟，可是她講的人與事，有不少是我早就知曉的，其中提及一些電影人，即使未曾謀面，卻也常看他們作品，形象栩栩然焉。最吸引我是她所講的正是我的時代，一頁一頁翻去，猶如一幕一幕重溫我過往生活的氣味。

尤其她講 1950、1960 年代的台北最有感，譬如考試院旁的永建國小，是我現在去世新大學授課的必經之途，木聯初中我也曾陪小學同學搭萬華到新店的火車去報考，最難為她從木柵馬明潭搭公路局到台北火車站，換公車 34 路，再

轉28路才能到內湖上學，都記得那麼清楚。雖然我們成長環境不同，只要時間相去不遠，生活空間總會有交集，那裡都有著我難忘的青春足跡。

至於惠嘉旅居美國之後的生活，我只能從和李安或朋友（譬如我好友曾西霸的哥哥曾與惠嘉的母親合作經營鑽探公司）閒談時得悉片段，但這段日子應佔她人生比例更高、更重要的篇幅，當可想知她面對著家庭、職場的煎熬，必然血、汗、淚交融，她都毫不掩飾的披露，對親密的家人如母親、兒子、媳婦，尤其是容忍丈夫李安「蹲在家數螞蟻六年」，有時輕諷一下，有時故做泰然，並沒有流露出太多情緒，也許是性格、人生觀使然吧，但個中的酸楚仍會不知不覺滲透出來。

我以為在呈現海外學人的異國奮鬥生活、情態與心境方面，在時序上比擬為1960年代於梨華《又見棕櫚》、1970年代劉紹銘《二殘遊記》的續篇也不為過。只可惜對於在職場上的努力著墨太少，她身為分子生物學學者，於紐約醫學院擔任病理學研究教授多年，理當有不少故事，缺了這一塊拼圖，她的人生略覺有點不夠立體。

相形之下，我對李安就較為瞭解，話說他考進國立藝專那年，我剛剛畢業，仍會應邀回校幫忙學弟妹推動劇場演出，所以李安第一次上台演戲的劇本，就是出自我的手筆。十多年後，我主持中國時報影劇版編務，同事馮光遠捎來一篇有關華倫比提、瑪丹娜主演《狄克崔西》的譯稿，問我是否可用？一看覺得文筆頗佳，內容論及相差二十歲的男女主角同框時如何打燈的專業問題，並非一般影劇記者寫的風花雪月可比。再看譯者的名字，這是我認識的李安嗎？聽說他在紐約「數螞蟻」，這就聯繫上了，還囑咐繼續來稿，稿費從優。

再來便跳切到了1994年，我們夫妻有一趟美東之旅，遊遍各地名勝後，落腳在李安家裡，那就是書中提到紐約郊外白原市825平方英尺（約23坪）的小公寓，承他盛情邀我們住了三天，難為他們一家四口擠在主臥室，空出小孩房讓我們住，第一天起個大早乘一小時火車到曼哈頓玩樂，然後搭末班車回來，

午夜的白原市漆黑一片，什麼店都打烊了，所以我不得已偷吃買來作伴手禮的鳳梨酥做宵夜，猶記他家的冰箱裡分門別類排列整齊，牽一髮動全身，幾乎無處「下手」。惠嘉說她根本忙得沒空打理這些家務事，那麼一定是李安做的，可見李安電影能如此細膩是其來有自的。這段期間，我與惠嘉交談不多，她早出晚歸是為了工作，我更早出更晚歸則是為了玩樂。

值得一提的是，李安和我在公寓前的小庭園午夜敘舊，不知怎麼的談到少年時讀禁書，譬如我就看過金庸的《鹿鼎記》，書名變成《小白龍》，所有的韋小寶都改為任大同，偶然提到我們居然不約而同看過王度廬的《臥虎藏龍》，還都滿喜歡的。豈料，次晨李安喚我起床，慎重其事的說「我們坐而言，不如起而行吧！」這就是《臥虎藏龍》劇本的發軔。至於惠嘉說在金馬獎的聚會我與李安討論《臥虎藏龍》，那是後續的事了。

相對於惠嘉與李安，我近些年與邱彰往來就密切多了。約十年前，她正在研究百多年來華人在美國受到不公的待遇，想把所思所得拍成電影，輾轉邀請我編劇，像這種類似胡金銓籌拍過的《華工血淚史》，在政治氣候上屬於「逆風型」的題材，發展成故事後便不得不中輟了。豈料邱彰將蒐集的素材寫成論文型態的《龍與鷹的搏鬥：美國華人法律史》，隨後又據以籌畫《Herstory，她—在歷史的背後》，在台北國立歷史博物館堂皇展出，接著巡展全台乃至美國多個城市，我也陸續應邀幫了點小忙。

邱彰是美國執業律師，又跨越政治、文藝多重領域，還想拍電影，當策展人，總能將不可能的夢，藉不同型態使之夢想成真。近來因為COVID-19疫情疏於聯繫，竟然驚聞她又出書了，乍看之下惠嘉與邱彰實在難以連結，不過邱彰陸續透過旅美各行業傑出的女性做口述歷史，這回將惠嘉幾十年來的生活化做具體的文字，無疑也是一種人生如夢的落實吧。

| 推薦序 |

他們是彼此完美的互補

陳雅琳
資深媒體人

　　我曾經三度專訪李安導演，第一次是《斷背山》，當時的他，全球跑宣傳下來，抵達台灣時已經非常疲累，他在有限的時間裡給出專訪，儘管儀容已經疲態盡出，但談到電影，發光的依然是他炯炯卻又充滿感性的眼神，永遠不會累；第二次的專訪是《少年Ｐｉ的奇幻漂流》，他見到我劈頭就說，「我都有看妳的新聞喔！」我說，「大導演您長年在國外，怎麼可能鎖定台灣的電視新聞啦？」沒想到他說，「我拍這部電影在台灣很長的時間啊！」嗯嗯，對啊，真性情的人果真不打誑語，而且，我很喜歡聽他暢談理念，那種心靈饗宴真是超過癮的！第三次的專訪應該就是《比利雷恩的中場戰士》，只見李安又再度超越自己，挑戰 120 FPS 規格拍攝，當時全球可是只有 5 家戲院可放映！對於拍電影，李安總是不做重複的事，這也使得他每個階段的人生充滿最新與最純淨的悸動……

經常有一句話說「每個成功的男人，背後一定有個偉大的女性」，在大家所熟悉的李安奮鬥故事裡，總會提到，他學校畢業後的六年處於失業狀態，需要靠老婆養，要不是有老婆大人的完全支持與不離不棄，也成就不了現在的國際大導演……

相信大家讀到這樣的故事時，總會對女主人肅然起敬，但看了這位女主人林惠嘉的口述歷史，彷彿，這一切對她來說，是雲淡風輕到再自然不過的事了。隨著女性接受高等教育擁有自己的專業與學識，在事業上自成一片天因而撐起一個家，似乎也是個再自然不過的事，大家又為什麼一定要陷入「男主外、女主內」的傳統迷思與窠臼呢？表面上看起來，這位女主人走在時代尖端，但其實，不就是務實的過自己選擇的日子嗎？而也唯有女主人自己的觀念也不傳統，才能讓女力逐漸地顛覆傳統，達到更性別平等的相處態勢。

這種「務實」，對一位長期在實驗室搞科學研究的生物學家來說，應該有著更貼切的形容……

林惠嘉和李安的結識，是因為都在美國伊利諾大學唸書，一個研究微生物學，一個主攻戲劇，原本不搭嘎的人生卻因為一起去幫台灣青少棒加油而有了交集，兩個人在同鄉校友的配車過程中剛好被分配到同一部車比鄰而坐，這麼巧妙的緣份，林惠嘉形容自己是一路睡到比賽球場的，「只看見李安的球鞋」，後來是因為有一次去打排球，聽李安說自己會做草莓蛋糕而驚訝不已，於是去李安那裡吃飯才算開始「認識」，但依然沒有任何「來電」的氣氛，後來是有懂星座的朋友跟惠嘉說，「妳水瓶座挺適合雙子或天秤座」，惠嘉知道李安是天秤座，就這樣「試試看」….。這真的頗符合「務實」的實驗精神，而且，李安吸引惠嘉的，是 - 他 - 會 - 做 - 蛋 - 糕！

對於惠嘉的直率，經常令人拍案叫絕！例如她形容，兩人交往時李安整個週末都在看電影，她跟著去看時其實經常看到一半就睡著了；還有，李安喜歡說話，經常在她的雙人房宿舍裡一直講，講到惠嘉都睡著又醒過來了，李安還在講；

以及，夫妻結婚後分隔兩地，惠嘉是獨自一人去醫院生小孩的，小孩生出來之後，醫護將孩子放在她懷裡，原本想來個感人的劇本讓她演出，但惠嘉卻睡著了；還有，她說李安總是來來去去不在家，「我一個人對付一個嬰兒還好，如果他來的話，還要再對付他，真的好累。」似乎，這位國際大導演對她來說，就是一個叨叨絮絮的大男孩，一點兒也不覺得自己的老公有什麼了不起，沒有浮華的光環，只有最務實的依賴。

沒錯，李安曾經感性地說，「太太很獨立，反倒是我非常的依靠她」，依據林惠嘉的口述歷史，人生有數不清的時刻，總是做妻子的在收拾善後，讓實踐夢想的李安儘可能往前衝，過程中可能李安都還不知道自己闖了什麼禍，反正林惠嘉有能力解決就接起來做，自己再在自己的工作崗位與家庭責任上扮演穩定盡職的角色，這真的是李安背後最大的支持力量。

只能說，夫妻是互補的，而李安與林惠嘉，這對佳偶也互補到淋漓盡致的境界了，而讓另一半都能做他／她喜歡做的事，各自完成自我實現，這真是人生最幸福的事！

| 推薦序 |

她是無敵女超人

陳雅湞
中國醫藥大學項目助理教授

　　中文字源學 (etymology) 字根或字源 (ethyma) 有關 "女" 字淵源來自雙膝跪地舉案齊眉的人，也就是光僅只字形，就顯示女性這樣的 "社會性別" (gender) 屬於後天受困遭罪或矮化的性別，對應襯淵源自農田勞力能量的反義字 (antonym) "男" 字。曾幾何時女性逐步突破層層重圍，打破玻璃天花板，蠟燭兩頭燒、雙肩承擔公私雙領域的重責大任，家事公事齊備的工作量，還有時時可能忽然母兼父職或實質單親的壓力。林惠嘉的女性身份，從擔任女兒、女友、未婚妻、妻子、母親到擔任婆婆，不停調整平衡於傳統與現代的兩極之間，一路走來娓娓道來。

　　美國歷史之中的華裔人士，持續一兩百年來不斷充斥各式各樣一波未平一

波又起的歧視與差別待遇，美國歷史追溯最早的華人紀錄，可至少回顧到十八世紀 (相當於中國滿清時代)，美國主流社會長久歧視華裔的不平等對待，幾乎無異於上述有關 "女" 字淵源於雙膝跪地舉案齊眉者的卑賤低下身段，所謂 "模範少數族群" (model minority) 的辭語，更是美國主流社會中包裹糖衣的種族主義，Jane Hyun 名著提及的 "竹子天花板" 往往不亞於上述女性玻璃天花板。

　　林惠嘉的美國華裔與台灣身份，從擔任華裔留美台灣學生、華裔美國人、華裔美國妻子、華裔美國職業婦女、華裔美國母親到擔任華裔美國婆婆，不斷拚搏於太平洋兩岸之間的文化落差，一路走來風雨無阻。

　　林惠嘉口述史包含其祖父母、父母、兄弟姊妹、家戶鄰里、求學、留學、考試、畢業、求職、工作、戀愛、結婚、生產、相夫教子、專業生涯發展、家人演藝事業等等細節，地毯式搜索徹底羅列鉅細靡遺的點點滴滴。

　　林惠嘉口述史未來或可發展為紀錄片、劇情片、華裔美國女性研究專書或論文等方向，足以為華人、華裔美國人、女性的楷模 (role model)，提供正面能量與鼓舞作用。

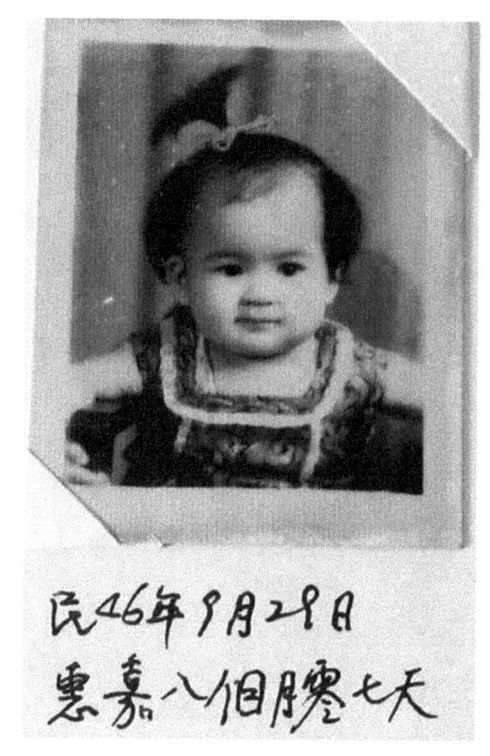

我出生了！

我是民國 46 年 1 月 22 日在臺北出生的林惠嘉。

為什麼叫林惠嘉？因為我媽生我時胎位不正，她在醫院已經流了一缸子血，但我卻還是不肯從娘胎出來，那時她把三個小孩（我有一個哥哥、兩個姐姐）都寄放在鄰居家，所以媽媽非常著急，四處求人幫忙。在我生出後，她為我取名用了「惠」這個字，恩惠的惠，是要我知道感恩。

根據我的經驗，媽媽的子宮在懷過幾個小孩之後，越後面的小孩越好帶。我媽媽生我二姐時，身體很不好，所以二姐生出後也沒有安全感，她連看到我們鄰居家的布娃娃都怕。我媽媽沒有奶水，也沒有錢買奶粉，所以我二姐從小是吃奶糕長大的，她非常需要我媽媽，也不肯讓媽媽抱我。

而我從小就活得很自在，我不需要抱，所以我被媽媽放在嬰兒床裡，一個人安安靜靜的睡覺，一天可以睡二十幾個小時，又因為沒人替我翻身，結果我睡成了一個大扁頭。我不需要別人特別注意我，那時我成天在外面玩，若回家晚了就會被罰跪。

　　我爸爸是公務人員，他是廣東人，我媽媽是福建人，他們都是從大陸來臺灣的。我媽媽在懷我哥哥的時候，她還在陸軍醫院做護士，生了哥哥後就沒有做事，一直到我4歲時上幼稚園，有一次放學回家進不了門，等我媽媽回來開門後，才知道她已經開始做生意了。

沒有聲音的爸爸

　　爸爸是學地質的，他在經濟部礦務司做事，我爸爸是廣東中山大學畢業的客家人。他講話很慢、口齒不清，所以我們家由我媽媽主政。我剛認識李安時，他都不曉得我還有個爸爸。

　　我覺得小孩子愈不被人注意愈好，我媽那時沒空管我，我一年級、我二姐二年級時，我們放學回家，就交代傭人幫我們做功課，我們就出去玩了，一直到我幾十歲的時候，我告訴我媽這事，我媽還拒絕相信。

　　我家附近有個考試院附設的中興小學，後來改名永建國小，我們的畢業典禮還是考試院院長莫德惠穿了一襲長袍來親自主持的。我的功課很普通，可是現在家人也都拒絕相信，我後來跟我媽說我功課不好，老媽說哪有，至少都升級了。

　　我在考試之前，只會想考試之後要玩什麼，也沒有人告訴我應該想什麼。我小時候非常好玩，今天要玩什麼，明天要玩什麼，跟誰玩，我也從未受到壓力要考上好大學。爸媽每天忙於生計，等想到要來管我時，一天已經過去了。

父親的童年

話說我們客家人就是住在那種沒有人要住的地方，土地都很貧瘠，土壤都是磚紅色的，種不出東西來，可是他們居然還能找到比他們更窮的人做童養媳，所以客家男人都有童養媳。我祖母就是一個童養媳，她可能是少數民族，所以比一般客家人更窮，她小的時候就來我家照顧一個將來要做她丈夫的小孩。

因為土地什麼東西都種不出來，所以客家男人就會到外地去做生意，我祖母後來生了我爸爸，他們母子相依為命、住在鄉下，祖父到縣城裡去做生意，賣豆腐、做裁縫什麼的。我媽媽在多年以後，才曉得我爸爸也曾有童養媳，而且在戰亂時虛報年齡，氣得不得了。

後來我爸爸老了，我有時回去陪他，推他出去散步，他才跟我說他虛報年齡的原因，是因為在他年幼時，鄉下的小學只教到四年級，他如果要繼續唸書的話，就要到城裡去住校。那時他跟媽媽只有一床棉被，一個箱子，如果讓他帶走了，他媽媽就沒有被子蓋了，所以只好不去唸了，在家裡混了兩年。

後來村裡一些比較有經驗的人就跟我祖父說，「你這個小孩蠻聰明的，你應該栽培他去城裡唸書才對。」所以他就晚了兩年入學，等到他唸大學時，時局已經亂七八糟，他的同學告訴他，「你就繼續少報兩年好了，省得引起注意。」

1991年底、92年初，我跟我哥哥、堂弟陪我爸爸回鄉下，看到當年爸爸出生的地方，他說這兒跟以前完全一樣，只是更髒一點，代表那兒很少進步，沿路上都是破破爛的房子，偶而會出現一兩棟豪宅，這應該是後來發達的人回去蓋的。客家人想出頭，就得好好唸書，再出去當官或是當軍人，這是他們當時唯一的出路。

我祖父住在城裡，在他的腦子裡，城裡的太太才是他太太，我祖母是童養媳，不一樣的。所以我爸後來到城裡來，才發現他還有兩個弟弟、一個妹妹，

他的弟妹們到了下午，就從自家開的小店裡拿一點零錢去買零食吃，我爸爸想，「這真是太奢侈了，我也要來攢一點錢。」所以當弟妹拿錢的時候，他也會拿一些存起來。他的錢不是撥給自己的家人，而是託給村裡其他的人幫他慢慢存起來，他要存錢給媽媽買一頭牛，因為他媽媽耕地都是用雙手。

三代童養媳

91年底我回去台灣，發現爸爸在鄉下也有一個童養媳，他跟童養媳生了一個女兒，就是我的姐姐素娟。我那個姐姐跟我爸長得一模一樣，個子小小的，可是她有一雙好大好大的手，那是做事做出來的，我心裏真的很難過。

我爸爸的童養媳現在不知道在哪了，她的小名叫「牛大便」，因為她很矮，只有牛糞那麼高，她跟女兒素娟住在一起，那是個不一樣的社會，你會覺得她們很可憐，她們卻很認命，素娟後來得腦瘤走了。

我看到了一張照片，我祖母、我爸的童養媳牛大便、她的女兒素娟，一代一代的童養媳全站那了。所以我那次跟我爸回鄉下，一定要在祖母的墳墓前給她磕頭，為人性給她道歉，我覺得那個時代的女性實在是虧太大了。

銘傳國小的記憶

我記得在銘傳國小時，入學不久就有被罰站的經驗了，學校要求學生中午要趴在桌子上睡午覺，班長就站在黑板旁邊，等我睡完午覺抬起頭來，發現我的名字被寫在黑板上，是要罰站的，我想可能因為我中間有翻一下身吧。

小學時，為了一些慶祝活動，學校要大家參加彩帶舞、山地舞的表演，要去跳舞的人就去跳，記憶中我只愛玩，每天回家後就會到家後的一條河邊蹦蹦跳跳。

我會唸銘傳國小，是因為我媽媽想我若繼續留在原來的小學，到了初中我就只能唸木聯，不太理想，所以她託人把我的戶口換到公館，先去唸銘傳國小。結果偷雞不著蝕把米，銘傳國小更糟糕，它的國中叫民族國中，連校舍都沒有，還要借營橋國中的校舍。

我們家住在木柵，那時北一女跟師大附中在木柵有一個聯合分部，叫木聯初中，我哥哥和大姐都唸木聯初中。我哥哥從小就不喜歡讀書，高中只考上建中補校，我大姐唸景美女中，在聯考時他們都沒有考好，我媽就怪木聯不好。

有一天我媽出去辦事，經過木柵馬明潭，看到一個大牌子寫「私立再興建校用地」，馬明潭離我家不遠，她就跟我哥一起把我架去考試，那時再興收女生 120 名，男生收 80 個人，我考第 120 名，因為是女生就考上了，我唸的是再興的內湖校區。

考上再興初中

再興小學、再興中學在當時算是貴族學校。我考上再興沒多久就開學了，那天我媽媽帶著我，從木柵坐公路局的車到臺北火車站，再換公車 34 路，從臺北車站坐到松山，也就是從起站坐到底站，再換 28 路到內湖，我跟媽說這是世界邊緣，我不會再回來了，結果我媽把我送到那就走了。

我們學校都是老爺車，那種一天到晚都可能拋錨的車子，回家時我從內湖坐到大直、中山北路，完了又繞到南門市場，到永和去，最後再回金門街，我下車再坐公路局回木柵。我中午放學 12 點，到家都已經下午 2 點了。

再興的老師很無聊，若有新的同學入學，就要重新安排座位，按照身高排，因為我比全班第二矮的還要再矮 7 公分，而且第二矮的是一個小兒麻痺症，所以坐在最前面。我跟那裡的同學也格格不入。但你說這對我的心理有什麼傷害？好像也沒有。我沒有太強烈的競爭心，但我對生活的態度有榮譽感及羞恥心，每個人的標準也不一樣。像是你說你是一個有錢人家的小孩，我會覺得那有什麼好得意的？錢又不是你賺的？

我初中有一個好朋友包亦盈，初中第三年規定全部學生都要住校，我在學校裡依然玩心不減，有一天包亦盈提醒我，離聯考只剩一個月，我該唸書了，如果沒有她提醒的話，我一定完蛋。

北一女的快樂時光

　　高中我考上北一女，我們班上大部分的人都考上北一女，再興的女生考上北一女的比例超過 50%。

　　我發現在小學同學之間，後來人生際遇差別比較大。我有兩個小學同學，他們小時候功課不太好，常受到白眼待遇，現在他們對所有以前的事都記得非常清楚。

　　人性本惡，小孩子有時是蠻殘忍的，雖然在我在小時候幾乎沒有跟他們講過話，但現在在群組裡看到他們的貼文，發現他們對小時候別人對他們不好的事，每一件都記得清清楚楚，還很記仇。所以我們對別人一定要貼心一點，有時候就算你沒有注意，也可能會傷害到別人。

　　我和高中同學之間的感情特別好，每個週末要回家前，大家先抽籤排座位，我們都是隨便坐，你抽到誰就跟誰坐，不是按照高矮順序，所以我們這班的感情特別融洽。

　　我是康樂股股長，我跟老師講好，一個月有兩個週末我們要出去玩，所以老師不可以給我們太多功課，老師有時也會跟我們一起出去，另外兩個禮拜是月考前後，我們就不出去玩。

　　那時的學校已經開始用電腦閱卷了，有單選題、複選題，猜答案是很簡單的事，你只要稍微有一點邏輯，就可以猜了。我親身的經驗是，考試時你要有坦然的心情，從容就義，緊張也沒有用，要是你都沒有唸，緊張真的沒有用。在我的記憶裡，誰的功課好我不知道，但我自己考試是都沒有準備的，都是用猜的，如果當時靈感比較好，我就考得好，靈感差一點，就考不好，都是這個樣子。

高中生活中在我回憶中是最愉快的，我們同學那時每個月都至少出去郊遊兩次，大家相處融洽，大部分同學到今天都還是好朋友。

我對體罰的記憶

如果我超過吃晚飯的時間還沒有回到家，回家後就會被罰跪，以前水泥地很硬，跪在那裡，也不用打吧，如果這樣就要打一下的話，那下次要打幾下？

我記得小學有個老師竟然用一個桌子的腿來體罰學生，還用藤條打，我被打過一次，痛死了。李安在台南被打的更厲害，就是那種日本教育下的體罰，像是跪著舉椅子、還加打屁股；有時還把水桶翻過來，要學生跪鐵的那圈。我覺得，如果學生被打成這樣還考不好，那老師應該去自殺。

進入台大農化系

我沒有經歷過太大的升學壓力，我也沒有整天讀書、為了考試。我從高中到大學時都住在家裡，爸媽那時還沒退休，我媽媽最愛說的話就是：「沒事為什麼不去唸唸英文？」她好像覺得什麼課都要去補習才行。我是有補過兩天化學，聽了之後，覺得跟老師在上課時講的也差不多，反正我都聽不懂，就算了。記得我們以前的書都很薄，有什麼好唸的？

考大學時，我們要填志願，有甲乙丙丁四組，我哥哥唸甲組，大姐唸乙組，二姐唸丁組，我想如果我不去唸丙組，好像不太合作？我本來也比較喜歡生物，我媽是護士，她希望我做醫生，我根本做不了啦！我也想唸藥學系什麼的，但因為我和高中同學都愛玩，怕接受不了做藥劑師的挑戰。

我大概是吊車尾考進農化系吧！因為農化系的錄取分數頗高，而我在高中時上課都是得過且過，成績普普通通，所以大學開學後第一次見到農化系的同學，大家都很奇怪，我這麼差的分數，怎麼會跟他們同一系？我想可能因為我們那一屆的聯考非常難，大家都考不好，而我的爛分數就跟人家差距不大了，就考進台大農化系。

　　我當初會學農，是因為我喜歡吃西瓜，結果唸了農化系之後，我只種過一次稻子，養了幾顆洋菇，也沒有當成農夫，真是跑錯系了。

　　在大學時，我們的課業非常重，大三農化系的必修課1個禮拜就有46個小時，包括實驗課3小時，加上我還修化學，普通化學要唸一年，這堂課考過了，才能接下去唸有機化學、分析化學，然後是物理化學、生物化學等等。

　　在我的經驗裡，要把一件事做好，靠的就是一股氣，有那股氣，什麼事都可以成功，沒有那股氣，再怎麼準備都沒用。唸普通化學時，我一開始時唸的很認真，可是到考試前，我的那股氣忽然就沒有了，所以我垂頭喪氣，考得亂七八糟。

　　但到期末考前，不曉得哪裡來的狗屎運，我那股氣又回來了。那一天要考的普通化學是很重要的，這一科沒過，後面的許多必修課都不能選，就無法畢業，這導致我們班有很多僑生唸了七八年，還不能畢業。我自從期中考鎚鍋以後，除了聽課外，也沒做什麼特別的準備，結果在考期末考的那天早上，班上的一位男同學一早就到了，他喜歡我們班上的一個女生，那個女生是我的高中同學謝摸，他早來是因為他想給謝摸做考前最後溫習，沒想到女友久久不見蹤影，男生著急的來問我有沒有看到她？我就趁機問他，「你在等謝摸，不妨跟我大概講一下我們這學期在學什麼？」他就隨便講一講，這三分鐘的速成班，加上原來聽課的一些記憶，我就一鼓作氣的考過了，這不是狗屎運是什麼？

我平常就喜歡爬山，寒暑假都去參加救國團的活動，我第一次爬山是我三歲時，爸爸帶著我爬我們家附近的山，以後我每次爬山回家，我爸爸都會把地圖拿出來，叫我告訴他我去了什麼地方。

媽媽是個精明的生意人

我爸爸是一個在家裡沒有聲音的人，他基本上就是一個非常鄉下的鄉下人，他很認真讀書，可是沒有什麼見解，他很奉公守法，但沒有雄心，他什麼小事都會做，手很靈巧。就因為他是學地質的，所以常常會去野外採樣本，他對花草、樹木、蟲子都很瞭解，但在我媽眼裡，她覺得這些都不成氣候、很沒有出息的。

我媽後來做鑽探的生意，說來也是生命中的一個巧合。我有個叔叔去從軍，等到大陸撤退，他就跑到香港打工，在一個鑽探工程公司做工，後來他來了臺灣，因為沒有一技之長，我媽媽就為他開了一家鑽探公司，純粹是為了幫他。

我媽常說，臺灣的十大建設她都有參加，因為不管是造橋、蓋高速公路、搭鐵路，都要立基，都需要知道下面的岩層是什麼樣子，所以要用一個有鑽石的鑽頭機器打下去，再把岩層樣本拿起來看。我爸爸是學地質的，可以幫他們鑑定下面是什麼，再幫他們寫報告，如果是要蓋高速公路，接手的工程師就會知道地基要打多深。

我媽媽當初會喜歡我爸爸，就是因為他有學士帽，而她沒有唸大學。她是助產士，只有專科學校的畢業證書。在飽經戰亂後，她覺得只有在腦子裡的東西是別人拿不走的，所以我媽希望我們小孩能多讀點書。

我的哥哥、兩個姐姐都有他們自己的問題，所以我成了我媽媽的希望，她常跟我說，她今天下班回來，又順路到銀行去替我存了多少錢，作為我將來出國讀書之用。當時在臺灣，大學畢業後出國讀書，是最簡單的一條路，因為如果你留下來唸研究所，就要考試，做公務員也要參加普考、高考，只有當你申請國外的學校，就申請吧，不用考試。

我爸爸對我們的期望跟我媽媽不一樣，他連「農化系」都講不清楚，他跟人家說我唸的是「化農系」，我曾經唸土壤、地質，可以算是他學生的學生吧，

我也是我們家唯一能跟爸爸溝通一些關於石頭、土壤的小孩。

我們家四個小孩都沒有我媽媽的戰鬥天性，我哥哥的理論是因為媽媽是鄉下人，她必須出來混，所以她必須有 street smartness，她可以跟你誇口、狡辯，這些都是她的生存技巧，而我們這種在幸福中長大的小孩，是不會有那種技巧的。

她媽媽在她嬰兒時就死了，所以她從小就要對付後娘，從嬰兒時期起，就必須靠自己奮鬥打拼。小學四年級起，她就一個人離鄉背井到城裡讀書，沒有任何依靠。為了立足，演練出許多生存技巧，另外還要對抗福建鄉下重男輕女的陋習，養成她的「勇士」個性，這種個性讓她後來在事業上很成功。

她很好面子，在心裡一直在跟別人比。我記得我們小時候有兩個阿姨，都是她的同學，一個林阿姨、一個陳阿姨。林阿姨的先生是福建的高官，又高又帥，陳阿姨的大女兒功課很好，她雖然沒有對我造成什麼壓力，但等我考上北一女的時候，我媽心裡就應該比較平衡吧。

我媽媽從小就教育我們女孩子一定要獨立，記得她第一次到美國來看我的時候是 1979 年，她就住在李安租的宿舍裡，她住在那邊很不自在，看到很多同學都是學工程的，我媽就問，「這麼多人你為什麼都不挑，偏要找一個魯蛇？」我說，「你不是叫我們女孩子要獨立，要靠自己嗎？那我們選誰又有什麼差別呢？」我媽媽說，她對李安並不反感，她只是反對他的職業，她覺得很沒有安全感，溫文儒雅又不能當飯吃。

媽媽老了

2 年半以前媽媽中風了,可是從她的外表完全看不出來,現在她的記憶非常有選擇性,她可能已經不認識我是誰了,可是她知道李安是一個很有名的人。她問,「咦,這個李安很有名耶,他跟我們有什麼關係?」

媽媽現在住在臺北,我哥哥、嫂嫂跟她同住,還為她請了一個外勞。我在臺北陪她的時候,因為我沒有耐心,所以她一睡覺、一發瘋,我就塞安眠藥給她,我覺得這樣大家才可以休息。

我嫂嫂跟我相反,她是個聖人,雖然她自己睡眠的品質已經很差,不能熬夜,但是她覺得媽媽不吃安眠藥會比較清醒、比較好,所以寧願犧牲自己已經

少得可憐的睡眠，大半夜還陪在媽媽的身邊。我媽媽現在一天等於四十八小時，因為她整晚不睡覺，就在那邊嘎嘎嘎一直講，她可以講十幾個鐘頭。

我哥嫂覺得這樣子她在情緒上就有了一個出口，我哥說她講的故事是暴力、血腥、色情的總和，講出來了她就不會那麼憤怒了。她認為我哥哥是她的爸爸、她的老公、她的哥哥，我嫂嫂是她的後娘、她的小三。他們兩個人晚上輪番上陣陪她，我媽媽現在 96 歲，看起來還是很年輕。

爸媽的親戚

我爸爸晚年的時候，腦筋不太靈光，他就開始要找他媽媽，因為他唸書時是在廣東的中山大學，戰爭來了，學校只好搬到與湖南交界的地方，畢業後他就到福建去工作了，沒有機會看到媽媽，是他心裡最大的遺憾。

在中國我有一個表弟，那時大陸單位的規矩是：如果你在新疆工作，國外有親戚到上海來，你就可以請假，然後坐三天的車子，到上海去跟親戚見面。我那個表弟非常優秀，他是廈門大學畢業，後來申請到北京工作。大陸開放沒多久，他就能出國訪問。

他為我娘家的四個兄弟姊妹加上李安，一共買了五大箱的景泰藍來送給我們，他先到日本、再到美國，他一路提著五大箱，從芝加哥、三藩市，一直到紐約才見到李安，才把這五箱東西放下來。我那時忙得自顧不暇，我在唸書，又有小孩，沒有辦法去體會他的真誠，他花了很多錢買這麼多禮物，又一路提來，所以一直到今天，每當我看到那些花瓶時，還是很羞愧。

我爸爸是來臺灣以後才娶我媽媽的，他在大陸的親戚都住在鄉下，搞文革時鄉下還算平靜，當然也可能有一兩個壞人騷擾他們。我爸爸總是想辦法寄錢回去給他的親戚，我媽媽也是，他們對家人誰要蓋房子、誰要嫁娶，都很大方。

前排最左是牛大便，在爸爸和哥中間是素娟姊，後排戴眼鏡的是我堂弟，其他是素娟的三個兒子，我在後排右二。

我哥哥是學航海的，他最早在台灣的德記洋行做事，後來被派到香港，他也幫我把住在客家鄉下的下一代提拔起來。

　　反過來說，我爸媽的大陸親戚對他們這些海外的親人，心理應該是很複雜吧。他們對我們的情感，和我們對他們的情感是不一樣的。總之，人生的帳算不清，可歌可泣的事情太多。

初識李安

1978 年，我來美國伊利諾大學 University of Illinois 唸書，我是在禮拜四到的，禮拜六所有的外國學生都要去考一個英文測驗，看看你是否還需要修英文。

那個禮拜六早上考完了，我就走回宿舍，在路上碰到一個物理系的學生，他說，「今天下午台灣同學會帶所有的新生，去印第安納蓋瑞城看台灣青棒參加美國青棒大賽。」他要大家在宿舍前面集合，分派車子，我是一路睡過去的，李安就坐在我旁邊，可是我只看到他的球鞋。

那時伊利諾大學一年會收一、兩百個台灣來的人，大部分都來唸工程、電腦，我們學校的會計系、心理系也都很好。後來有一次我去打排球，打完後我就聽到李安在說，他會做草莓蛋糕，我那時候還不知道美國有 cake mix，很容易就可以 DIY，我簡直驚訝極了，怎麼還有人會做蛋糕，當時他住在外面，我們都住在宿舍，所以大家就到他那去吃飯，就這樣認識了。

我們並沒有一開始就來電，真的沒有。我在出國前，有一個好朋友替我看星座，她說我是水瓶座，就告訴我水瓶座的特性，簡直就是剝筋剔骨的解剖我，然後她說水瓶座最合適的是雙子、天秤座，我知道李安是天秤座，喔，那就試試看吧，這符合我的實驗精神。

我們是怎麼開始交往的，我也不太記得，因為整個週末他都在看電影，大概會看七、八場，因為學生票非常便宜，所以從禮拜五晚上開始，他就一直看、一直看，如魚得水，有時他會跟我說，這部電影蠻好看的，我們就一起去看，老實說如果是晚場，我通常在看一半就睡著了。

李安很喜歡講話，當時我住在一個雙人房的宿舍，我沒有室友，所以他每次晚上來，就會坐在對面那個床上一直講、一直講，講到我都睡著又醒過來了，他還在那講。

後來他到了紐約之後，每個禮拜六都會給我打電話，那時長途電話還蠻貴的，他是父母花錢讓他唸書的，我有獎學金，所以電話費就由我出，他就講、講、講，「等一下，讓我再想想，禮拜一有沒有發生什麼事沒講的，禮拜二呢？」李安很喜歡講話，他講的都是細節，像是講他爸爸早上起來要喝三大杯，一杯水、一杯果汁、一杯茶，我當時聽得耳朵都長繭了，我覺得我可以是一個水桶、一個拖把，沒差吧！當時在學校誰會有這個閒情逸致去聽他講，我可是一句話都插不進去，老實說大部份時間我也在打瞌睡，我想世界上大概只有我一個人會聽他講吧，誰會這麼無聊呢！

他不會跟我討論電影的事情，也不會徵求我的意見，因為我不懂，再說學生電影一般都蠻無聊的，沒什麼好講。李安的第一部電影是拍人家跑步，研究怎麼抓那個鏡頭，沒有聲音，第二部才有聲音，他每一次練習都是偏向技術上的磨練，老實說，學生電影不好看。

李安家嚴格的遵守長幼有序，我們家則是沒大沒小，所以我會隨便亂批評，連他爸媽都批評進去了，我想他不能忍受我這種野蠻人，所以我們在一起的時間並不多。

他在伊利諾大學唸了兩年，因為他在台灣唸的是藝專，所以要在這兒的大學再補修一些學分，唸完他就回台灣去啦。那時坐飛機只能帶很少的行李，行李也沒有輪子，李安居然帶了一大堆書回去，行李重的要命，他只是回去過暑假，果然一本書都沒看就回來了。

1980 年他從台灣回來，回來的時候要轉機，他到了芝加哥，還要再坐兩、三個小時的灰狗巴士，才到我那裡，到的時候已經是清晨了。我騎著腳踏車去接他，他一看到我，手就軟了，那個箱子他再也提不動了！於是我把那個箱子拿了，叫了計程車，再幫他把行李放到計程車的後面，然後他就坐上計程車走了，我再騎腳踏車回實驗室。

李安那時已經決定要去紐約讀書了。他原來是一個演員,他到伊利諾大學是因為這裡有一個很好的戲劇項目。但是因為語言的關係,就算他很會講英文,可是要用英文去演戲卻是另外一回事,所以他很快的就知道他如果要演,只能演啞劇,他就決定做導演,他導演過舞臺劇,但他發現舞臺劇是演員的、不是導演的,要做就要做電影的導演。

　　1981年8月,我在伊利諾大學考完了博士資格考試,就回台灣探親。我們在木柵住了24年的家,從沒淹過水,沒想到這次我回去還不到兩天,就淹大水了,淹水時正好我哥哥的小孩發燒,所以他們就帶小孩去醫院了,只有我跟我媽在家,洪水大發,水一下子就上了腰,對面有間公寓比較高,人家就好心的讓我們過去避災。

我與哥哥

這趟回台我買了機票以後，身上只剩 8 塊錢，我只拿了一個行軍口袋回台灣，我還幫另外一個男同學帶給她心儀的女友一個 Snoopy，結果全身白淨的狗一半插在污泥裡，讓同學沒追到女孩，真是不好意思！

之後李安弟弟在台南結婚，還好在走前，我伊利諾的朋友幫我做了一件洋裝，我帶了一條長牛仔褲、一條牛仔短褲、一雙拖鞋，還有一雙參加婚禮可以穿的鞋，我把泥巴洗洗，就去台南代表李安參加他弟弟的婚禮。我和李安那時算是定下來了。

我公公一看到我就說，「我對你們這種留學生輕裝便履已經習慣了！」這是我第一次見到李家人。記憶中他爸爸很愛講話，我想這是他做校長的習慣，就是把學生抓來哇啦啦的講，他講什麼我一個字也記不得了，然後就是他弟弟辦婚禮。

台南地方上的仕紳都希望小孩都唸台南一中，將來能上臺大醫學院，所以對台南一中的李校長都非常尊重。總之，請完客之後，他弟弟和太太就去蜜月旅行，記得是去蘇花公路及橫貫公路，我們就開了一個小廂型車到台中跟他們會面，然後再一起到溪頭度假。

1982 年我二姊結婚，這中間我大概有十年半的時間沒回台灣，再回去時，已經是 1991 年年底了。我看到在我媽房間的五斗櫃上，擺著我們每個人的結婚照。我哥哥曾經辦過婚禮，大姊、二姊和我都是在美國公證而已，但他們也都費心的在照相館照了相，只有我是在紐約路邊照了一張相。另外有一個表弟，是我媽媽支持他讀書的，他在北京結婚，照了婚紗沙龍照，算是最體面的一張。

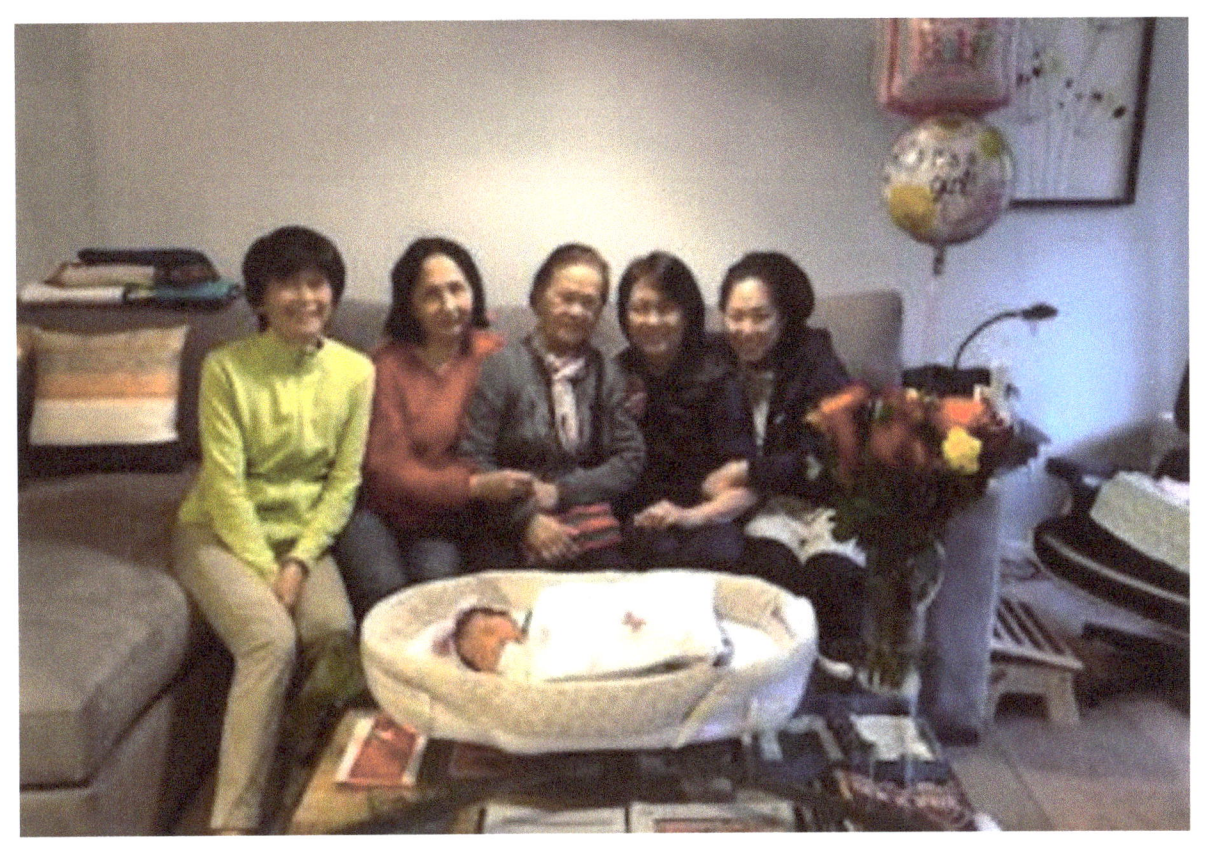

從左:我、二姐麗嘉、媽媽、大姐曼嘉、曼嘉女兒周怡欣,籃子裡面是周怡欣女兒小蘋果。

嫁給李安

人生就是很多荒謬事的組合！我和李安不是一見鍾情，我們都不是那種人，但我們穩定的交往了三年多。李安的爸爸是校長，他在 1983 年退休時說，中國人講究雙喜臨門，所以他要我們結婚。

李安那時在紐約讀書，我在伊裡諾大學做實驗，我們已經三年沒有住在同一個地方了，之後應該也不會住在同一個地方，為什麼要結這個婚？朋友戲謔的說，我們到現在還沒有分道揚鑣，就是因為我們相聚的時間太少了。總之我們結婚了，也沒辦什麼婚禮，就是公証啊！「喜宴」裡的結婚戲就是我們結婚的翻版，結完婚我就回校做實驗，後來我發現懷孕了，生了阿貓，因為我的實驗還沒做完，所以我就多花一點時間留在學校。

我們結婚是 83 年 8 月，他一直拍片到我們結婚前一個禮拜，這中間我們居然還有時間印了一張喜帖，真是奇蹟。

剛開始時，我建議我們在伊利諾結婚，因為我這邊有很多同學可以幫忙，他說：「誰要去你們伊利諾嘛。」之後他每次打電話來，都是有什麼事情行不通，因為他的身分變成不合法，他要跑一趟加拿大，我那時最怕接到他的電話，都是麻煩事，包括簽證出問題，後來他真的跑一趟加拿大，再進美國。

結婚的時候，李安和同學住在一個沒有電梯的樓房的五樓，紐約的夏天非常熱，屋主不知道跑到哪裡去避暑了，一堆窮學生就在那裡開 party，我們叫客人來的時候都要自備電扇。當時大家都窮，就自己做東西吃，我們先是在浴缸裡放了幾袋冰塊，然後做 sushi，大家都是大汗淋漓。

吃得腦滿腸肥後，我們就把吃剩的一堆剩菜，放滿了一袋袋的黑色垃圾袋，然後從五樓慢慢拿下去，走到一半袋子就破了，滿地都是 roast beef 的味道，收拾善後的記憶真是「狼狽不堪」。

蜜月是我的苦月

結婚前，李安先把畢業作的影片拍好，然後我們就去渡所謂的「蜜月」，我們帶著他的爸媽、我爸爸、我二姊一起去，我們六個人擠在一個小車裡，第一天先到 DC，然後再往北邊去渡蜜月。當初他隨便問了一個朋友應該去哪，然後就帶著我們去一些我到今天還叫不出名字的地方。

等回紐約以後，我們先把他的爸媽送上飛機，然後我爸、我二姊再跟我們開回伊利諾。記得我開車時說，「除了我的眼球表面，其他地方都睡著了。」我們終於到了芝加哥，我們把我爸爸和姊姊送上飛機，再開回 Urbana Champaign，那時我們才有機會下一碗麵吃，我說，「我們結婚了！」

沒過兩天他就走了，然後我就發現我懷孕了，就這樣子開始了我的婚姻生活。我很不懂人家說，新娘子在這一輩子就是結婚那天她最大，所以她會花很多時間來籌辦婚禮，我這輩子永遠沒有機會去瞭解那種心情。

之後李安花了很多時間剪接他的畢業作，他和一個學弟住在 Flushing，他租屋的旁邊有一個空間，放了一台剪接機在那邊，因為沒暖氣，他剪接時是穿著大雪衣、大雪鞋、戴著手套剪接的。

獨立產子

每個人都有自己做事的方法，只有在遇到困難時，你才會想一想你到底在幹什麼，你就會領悟到，什麼事都只有自己能做，包括把孩子生出來。

懷孕時，我吃的很多很多，我中餐要吃兩個葡萄柚、三個橘子，要喝一大瓶奶，要吃 cereal 什麼的，所以我實驗室的好朋友 Leslie 說，「搞不好你會生出一個橘子來。」

因為我們是窮學生，有 WIC（women and infants）的補助，可以去買營養品、起司，記得我肚子已經蠻大了，被叫去做一個評估，醫生問我之前的二十四小時吃了什麼，然後醫生說：「你很好，可能脂肪太少。」

臨產時我並沒有劇痛，我是破水之後才自己去醫院的。記得那是一個禮拜五，Leslie 以阿貓的口吻寫了一張母親節的賀卡給我。我星期六早上還沒有出門，我媽就打電話來了，「怎麼樣？怎麼樣？」我媽是助產士，不好騙，我告訴她嬰兒的頭還沒下去，然後我就趕去實驗室了，因為我要弄一個新的實驗。

到了晚上，Leslie 又打電話給我：「我們現在要去酒吧了，你不要生囉。」我說：「不會啦。」我那時住在學校對面，回家後隨便吃了一點東西，準備睡覺，大概十一點吧，我突然發現怎麼搞的，膀胱失靈了？但我想還是先睡覺再說。

接著我又想到上個禮拜五，我的醫生發了一本手冊給我，上面寫：「如果你有以下的情況，你就要立刻去醫院…..」其中一條是，「你水破了要去醫院。」我當時曾到處問那些已經當媽媽的，破水是什麼樣子，都沒有人知道，大家都說水是在生產的時候破的，我就回家了。

儘管我睡下了，但我還是很擔心，「萬一這個水破了，那嬰兒就沒有東西保護了。」一看錶都已經十二點，我也不想把醫生吵醒，我就打電話到醫院去，

有個小姐說,「沒關係,你可以先洗一個澡,慢慢來。」我就決定慢慢去醫院,那時已經是半夜十二點多了,我從來沒有去過那家醫院,我走錯路了,一路滴滴答答,最後才到急診處,他們就趕快拿輪椅給我坐,因為水破了。

我想我沒有多少水吧,因為幾天前我才去看過醫生,醫生還說:「你看,可以摸到你 baby 的背了。」所以我想我的水不多,而且折騰一下,水也差不多沒了。

我沒有打電話給李安,那時已經夜裡兩點了,不好打電話給誰吧。我被推到一個房間,醫護人員就放一些儀器在我的肚子上,我看了一下,心想這就叫陣痛?就像蚊子咬一下啊!

天亮以後就比較痛了,8 點鐘醫生來了,他看了一下,就回去做他的彌撒,那天正好是禮拜天,他 10 點多回來,給我剪了一刀,然後阿貓就出生了,那是件很奇妙的事,因為這個小孩在你肚子裡已經那麼久了,你卻從來沒看過他。

阿貓出來以後,用他牛一樣大的眼睛看世界,他很清醒,他們就把他放在我身上,然後阿貓用那雙大眼睛看著我。我這個人不能不睡覺,母子互望了一陣子,我很快就睡著了,他們本來還有個感人的劇本想讓我演,說母子要怎麼樣怎麼樣,結果我睡著了,他們只好把小孩抱走了。

第二天正好是 1984 年的母親節,天氣好得不得了,本來我跟 Leslie 約好要來家裡把 garage sale 買的二手嬰兒床重新裝飾,Leslie 是藝術家,她說要幫我在床上畫很漂亮的花。我從醫院打了一通電話給 Leslie,「今天不行!」她以為我在跟她開玩笑,我大概花了二十分鐘才說服她我沒有騙她,醫護小姐就問,「你要不要打電話給你先生?」他們想我大概沒有先生,我在那邊亂講。

李安那時住在一個同學家,他們的電話壞了,小姐就說,「你給我們地址,我們可以叫消防隊去找他。」那天天氣很好,他們一群人到中央公園去丟 Frisbee,那時沒有手機,一直到了晚上十一點多吧,大概李安心裡感覺怪怪的,

他打電話到家裡也沒有人接,所以他就打電話到實驗室,正好我有一個同學 Debbie 在,Debbie 就說:「喔,她已經生了。」

李安的室友想把他的反應錄下來,但是錄了很長的時間他都沒有聲音,他就這樣呆在那邊。

第二天,他提了一個大皮箱跑到醫院來,所有的人都歡呼,「喔~她沒有說謊,她是有先生的。」李安看到孩子的反應,我不記得了,他也沒有看過我大肚子,因為他在之前的聖誕節來我這時,我還沒有大肚子,還看不出來。

Leslie 畢業後去另外一個實驗室做技術員,正好研究母奶,所以她就跟我買奶,她的理論是女生懷孕時,首先就是腰變粗,是用來儲存你餵奶所需的脂肪,小孩子也是用脂肪來長腦筋,雖然 WIC 評估我攝取的脂肪量不足,可是因為我吃了很多柑橘,幫助我把腰上儲存的脂肪都釋放到我的奶水裡,所以我奶水的脂肪含量要比其他產婦高很多。

我兩個小孩都是全世界最難帶的。阿貓很神經質,他從三個禮拜到三個月大時,白天像天使一樣,睡四個小時起來喝奶,然後再睡,可是到了晚上天黑了,他就開始沒命的哭,要哭 8 到 10 個小時,你把他抱起來,就是延長那個痛苦而已。

李安來的時候,他的畢業作還沒剪完,所以在阿貓要開始哭之前,他就走了,把我的車也開走了。

阿貓生出後,婆婆有打電話來,「唉呀,對不起,我都沒幫你,呵呵呵呵呵。」她沒有時差的概念,每次都是三更半夜把我叫起來,然後再把阿貓吵醒,我不是為她生孩子、也不是為她帶孩子啊。

後來我因為懷石頭,引起甲狀腺機能亢進,病情最惡劣時,偏偏又碰到李安即將開拍「推手」,熬了六年才等到的機會,怎能讓我這個隨時會發作的情

緒炸彈在一旁攪和？無計可施，李安只好請已經退休的媽媽來幫忙。

阿貓跟奶奶都是金牛座，兩人一拍即合，當時正逢春天，祖孫倆每天推著石頭、拿著塑膠罐到處收集蟬殼，天氣再暖一點，天色一暗就出去捕捉螢火蟲，放在玻璃瓶裏觀察牠們發光。在聾啞學校教數學多年的奶奶教阿貓手語，被他的小朋友們稱為「會走路的百科全書」的阿貓，也「傳授」各種動植物知識給奶奶。

七歲時建立的感情持續三十年，奶奶每次生日，阿貓總是到記憶庫裏挖掘一些寶藏，生動的畫在紙上跟奶奶分享。

沒有時差概念的奶奶，在阿貓小時候常常半夜打電話來道歉，自己沒用沒法幫忙，幾年後在我最需要幫助的時候，她也立即伸出援手，她如果原有任何虧欠的感覺，也應該完全被彌補了吧。

我兒阿貓

大兒子阿貓出生時，李安說，母子均安的話，他計畫 8 月回臺灣，他那時不覺得他有機會留在美國做導演。後來畢業作的後期製作比預計花了更長的時間，所以到了 10 月他過 30 歲生日時，他還在伊利諾，他就把五個月大的阿貓放在地上給他磕個頭，就像他當年給他爸爸磕頭一樣。

李安就是這樣來來去去，有什麼事他就來，然後又走了，過了好幾個禮拜他又回來，李安那時還挺幫忙的，他是在後來出遠門拍片回到家，有時候會破壞我的規矩，幫倒忙。我一個人對付一個嬰兒還好，如果他來的話，還要再對付他，真的很累。

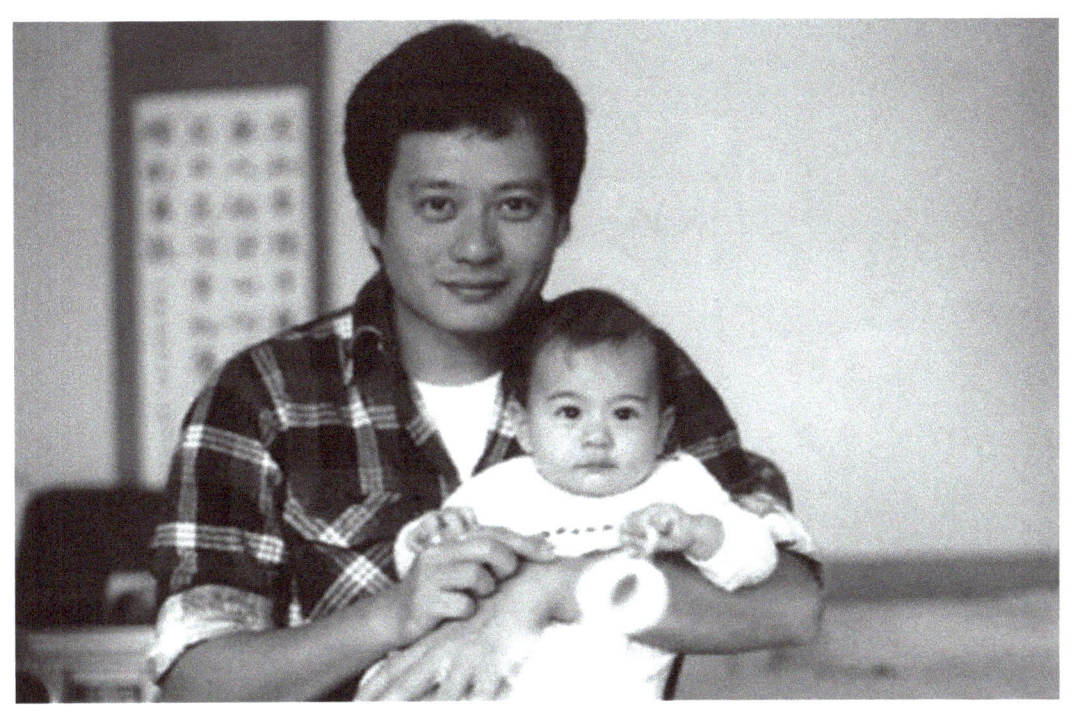

我叫李安「爸比」，大兒子「阿貓」，我不是喜歡貓，我只是喜歡貓這個聲音，老二叫「石頭」。

那年秋季班，我們系裡來了一個台灣的研究生，我住在宿舍裡，她常來找我講東講西。阿貓那時 7 個多月，大家都說我要開始給他吃固體食物了，以前我有很好的奶水，所以他的身長、體重都是在美國一般同齡嬰兒的 80、90 %，但一開始吃固體食物，他的身長、體重就掉到 10、20 %。阿貓討厭固體食物，我也討厭，那天好不容易才把他餵完，我煮了兩個馬鈴薯正要吃，這個女孩就來敲我的門，進來訴苦幾個鐘頭，我也不好意思趕人家，她講到 11 點才走，她第二天就要回台灣渡假了，那時年輕人比我們當時有錢多了，她才來一個學期就要回台灣渡假了。

我正要開始把那兩個已經冷掉的馬鈴薯塞到嘴巴裡，李安就打電話來了，說人家約他去跳舞，他就穿著結婚時我給他買的皮鞋，說不曉得什麼東西滴到上面弄髒了….天啊，我已經就要餓死、累死了，我就把電話給掛了。對李安來講，他就是大小事情跟你說一遍，我等於一個拖把、一個水桶，沒差吧。

當時有不少臺灣來的留學生眷屬，大部分自己有一個小孩，就可以同時幫我照顧阿貓，可是她們也只能從 9 點做到 5 點，所以我每天出實驗室時都是用跑的，要趕在 5 點以前去接阿貓。我接了他就把他放在嬰兒車裡，在校園裡逛逛，讓他睡著，然後一面計畫晚上的實驗，往往就是一推到實驗室樓下的電梯，門一打開，阿貓就醒了，就開始哭，阿貓也真可憐。

阿貓現在成人了，我就不知從何說起了。「少年 Pi」裡的那個小孩，李安就是想著阿貓做的，Pi 在海上漂流的那些場景，也都是為阿貓設計的。他那時剛跟現在的太太做了男女朋友，就要去台中拍「少年 Pi」的外景，記得他當時一面為電影製作救生筏，一面每天跟女朋友講電話，一講就是幾個鐘頭。一般人要進電影這個行業是很不容易的，老爸這樣推舉他，圈裡的人捧著他，但他一點都不領情。

阿貓個性的養成可能是我的錯，但我很隨和，阿貓的個性傲慢，眼高手低。阿貓在大學畢業以後搬出去了，有一次他回來時，我說，「你正好回來，請把這些東西整理一下。」他說，「這箱都丟掉！」我是那種很仔細的人，丟文件時連釘書針都要拿掉，結果我看到他在畢業之後去法國唸書的幾個月，老師給他的評語：「你想太多了，你什麼東西都不肯埋頭去嘗試，你就是在那裡千考慮、萬考慮。」他真的就是這樣的人！

　　其實他動作很快，他畫一幅畫可以很快弄好，但他習慣在那裡想了又想。他有些想法還很極端，比如說，他覺得藝術家不一定要在週末工作，他就打死也不肯在週末工作。我對他說，「你做什麼都可以，你媽也沒有想要炫耀你們的成就，可是你必須快樂，必須負責任，就算是去掃廁所，也要給人家掃得乾乾淨淨。」

　　我告訴阿貓，「你做什麼，老媽都支持你。」我甚至說，「連不是我兒子的人，我都能讓他在家蹲 6 年，那我自己的兒子，能夠不給他這個機會嗎？」

　　我曾以為「公平」的定義就是，「當我對別人要求時，我自己也能做得到。」後來發現我這個想法對李安行不通，他跟一般人不在同一個頻率上，對阿貓也沒輒，他不肯在大的體制裡被訓練一下，有些潛能逼不出來，可能那就是他這輩子要做的功課吧。

　　我在紐約買了公寓，阿貓只要付很少的錢就可以住那，然後老媽替他們照顧女兒，希望他能好好畫他的漫畫書。阿貓在畫第一本漫畫書時跟我們說，「我的宗旨是：這本書沒有辦法拍成電影。」我聽了之後，覺得他還很幼稚，很不實際。我們做父母的，當然對兒女會有一些期待，但我和李安都不是很傳統的人，我曾告訴小孩，「你們很小的時候能買一個玩具，就很高興了，但長大以後，真正的快樂來自於你自己的體會、自己找到的出路。」在教育孩子方面，我是很失敗的，他現在跟李安的溝通也不多。

　　很多人問：「當你兒子去找工作，人家要多少時間就會知道他的爸爸是李安？還是你兒子的口風都很緊？」老實說，阿貓的幾個爛工作都是我去幫他找的，跟他爸爸沒有關係，石頭現在在拍片，跟出名的老爸同一行，人家不知道不可能吧！但他在上大學時打一些零工，別人不會問他爸爸是誰，他也不希望別人問他的爸媽是誰！後來媳婦回學校唸藝術碩士，阿貓全家就搬去南加州了。

　　阿貓最小時候，除了我們剛搬到紐約的幾個禮拜不太適應，導致他的神經非常緊繃外，後來都還算是個活潑、有創意、有幽默感的小朋友。到四歲以後，可能是因為有幾次我跟他在電話上說，我馬上要離開實驗室回家，而在去停車場的途中，又碰到同事講話忘記時間，或者臨時又想起什麼實驗非要處理，讓他在家裡巴著窗戶望眼欲穿！他從擔心我出車禍開始，慢慢轉變成害怕死亡，我這個沒心沒肺的媽媽的疏忽，竟然改變自己兒子的個性，真是一輩子的懊悔！

　　我另一個沒心沒肺的例子是：想像力豐富的阿貓，一直堅信在每一棵樹裏面都住著一個圖騰，而我這個黑白分明的科學家卻糾正他，圖騰是原住民在去除樹皮後，用裏面的木頭雕刻出來的。有一次醫學院裏有一棵大樹倒了，我還

特別帶阿貓去看，口頭上的打擊不夠，還要讓他親眼目睹、斬釘截鐵的失望，這樣狠心又腦殘的媽媽也是少見！

從小就像爸爸一樣奉公守法的阿貓還有一個特質，他的乖巧能夠很神奇的讓其他小朋友安靜下來，所以他一直是父母們聚會時最受歡迎的來賓。英文有一句諺語：「嘰嘰響的輪子才會得潤滑油。The squeay wheel gets the grease.」後來意見超多的小兒子石頭成為我家的一份子後，阿貓只好自求多福了。

實質上是單親的我，做實驗以外擠出的時間，大部分都在接送石頭學大提琴。因為阿貓的西洋劍是在學校上課，出去比賽又有校車接送，我這個媽媽實在羞愧，從來沒有看過兒子的任何比賽！唯一的義工只是在場外賣飲料及零食，幫擊劍隊募款。

阿貓學開車時，石頭正好在拍李安的 BMW 短片，我經常要冒著風雪把石頭送到拍攝地點，所以阿貓就只好和另外兩個同學及教練，擠在一部車子裏，三人輪流學開車，一直到路考前幾天，我才有時間陪他練習路邊停車。有一次阿貓在學校獲得中文課的首獎，我趕到學校卻找不到地點……

可憐的阿貓在整個成長過程，只有老天爺可以靠，難怪他長大後拒絕週末及平日的晚上工作。我原來以為父母以身作則認真工作，可以給小孩做好榜樣，我以為只有盡全力做好一件事，才能帶來真正的快樂，沒有想到阿貓對於經常缺席的父母有這麼大的反感！我一輩子的懊悔也沒有辦法改變這些無意中造成的永遠傷害！

阿貓小時候在外頭一定是低著頭，看有沒有錢掉在地上。你去看電影「推手」的話，你會看到阿貓在裡面演小孩，電影裡的中文學校有個公用電話，他爸爸打完電話後，那個銅板就會掉下來，阿貓就去把銅板拿出來。我想這可能是他小時候缺乏安全感，所以在他幼小的心靈裡，收集幾毛錢就是他唯一能夠幫忙我們家不致於淪落街頭的辦法吧！

現在阿貓已經有了自己的家、也做了爸爸，我唯一還能做的就是在他們上班的時間裡，幫他帶女兒，我希望他能夠專心畫他的漫畫書。三十多年來我都是在盡責任與求生存，從來沒有真正享受過當媽媽的樂趣，現在退休了，除了幫忙阿貓，也給自己機會從孫女身上去真正體驗一個新生命的開始，不急不徐的跟著孫女的腳步去認識這個世界，我衷心感謝老天給我這個機會。

我兒石頭

我們有一個兒子想做演員，爸爸是那麼出名的導演，這真是件很尷尬的事！

2000 年時的一個暑假，李安準備拍「綠巨人」，他在家裡請了油畫老師學畫畫，李淳（石頭）也在家，我則是在實驗室裡忙。後來兩個人居然都來跟我告狀，石頭那年 10 歲，他的意思是，「爸爸憑什麼管我，不行不行！」

2004 年秋天，李安拍完「斷背山」，他堅持剪接的部分要在我們家附近做，還去租了一個房子，他很得意的說，「石頭每一場足球賽，我都有去看。」還說，「我來給他做午餐。」他真的去買了兩本做三明治的食譜。我跟石頭說，「你的爸比有神經病。」他說，「It makes a difference!」所以他們父子比較親。

2010 年，石頭在唸大二，李安在做「Life of Pi」前期，4 月底石頭演了一個 off Broadway 的秀。那個舞臺劇的劇本是一個菲律賓人寫的，他的一位朋友說，有一部片子要找亞洲演員，石頭就錄了一個 audition tape 寄去，後來石頭還飛到加州去 audition，被選上了。

記得石頭是 9 月 24 日趕去加州拍片的，正好當天 Obama 總統在聯合國演講，整個紐約都癱瘓了，尤其是東邊。本來電影公司替石頭訂了車子要接他去機場，結果車子沒來，最後碰到一輛私人車，司機正好要出城，他同意把石頭帶去機場。

等李安回來時正好是石頭的首演，李安就去看了，看了以後就忍不住批評，石頭就來跟我告狀，「媽咪，叫爸比不要再來看我的戲了。」

後來他比較大了，他是唸表演的，他清楚的知道他們班上的同學 will kill to act for his father，但他對老爸還是有內心的糾結。石頭現在 30 歲了，他算是跟爸爸比較親近的兒子，他瞭解他這個心結需要調整一下。

石頭現在變成非常虔誠的基督徒，而且就是這幾年的事，因為要陪女朋友去教堂。我想兒子信教，精神有寄託，是件好事。石頭從初二就開始參加劇團，劇團就是他的家，他在那裡有歸屬感，對他而言是很重要的。現在他對教會也有很大的向心力，他常跟我傳福音，只是我還沒有感覺，可能我的時機還沒到吧？

　　我有個同學說，「我們當初來美國唸書、定居，然後生了小孩，讓他們在 Anti-Asian 的環境中長大，我們是不是做錯了？」我們自己則是在台灣一元化的環境裡長大，現在我們的小孩擁有東方的臉孔，跟周遭白人、黑人的臉就是不一樣，所以我們的小孩子在長大的過程中經歷了什麼？他們在美國這個多元化的社會裡是怎麼長大的？我永遠不會知道。

李安夫婦參加李淳的新片首映

李安夫婦參加李淳的新片首映

記得李安第一次得獎

1985 年 2 月，李安以紐約大學 Tisch 藝術學院的畢業作品，參加紐約大學一年一度的電影節，他那時已經準備回台灣，也已經打包好了，行李共有八大箱，他就要去 Elizabeth，New Jersey 托運回臺灣，但他又想，「今天晚上就要公佈結果了，就再等一晚吧！」結果他的電影「分界線」Fine Line 得到最佳影片和最佳導演獎，他就留下來了。

我是家裡最小的孩子，在有自己的小孩之前，我沒有抱過一個 baby，所以我在完全沒有經驗之下，就要做阿貓的媽媽，壓力很大，我跟李安說，「我不要當一個單親媽媽，你在哪裡我就過來，我隨便找一個工作就可以了。」

他得獎那天晚上，就有一個人跟他說要跟他簽約，第二天美國三大經紀公司之一的 William Morris Agency 的經紀人就來跟他簽，李安覺得自己以後沒問題了，結果他在家待了六年數螞蟻。李安自己在他的口述「十年一覺電影夢」中說，「就這樣耗了六年，心碎無數，卻一直懷著希望。」

買車的惡夢

如前所述，李安的爸爸希望他在 1983 年退休時，我們來結個婚，我想既然公公婆婆老遠來參加婚禮，我們總要帶他們出去旅行吧！在那之前李安拍畢業作也需要車子，所以 82 年底我就跨上腳踏車去買車，可以想像那些賣車的人，看到我這樣一個騎腳踏車來買車的東方女子，不欺負我都對不起良心。

實驗室的學姊 Joanna 生了 3 個小孩以後才回來繼續深造，她先生 Charles 在附近大學教英國文學，週末在加油站打工以貼補微薄的薪水，愛爾蘭人一向很有正義感，就自願陪我去取車。

我們一到經銷商的停車場，六呎七吋的 Charles 立即鑽到車底下去檢查，嚇得賣車的銷售員馬上改變態度，畢恭畢敬的辦好手續，把新買的藍色 Dodge Aries 交到我的手中。

等李安從紐約來伊利諾過完聖誕節，就把新車開走了。當時李安跟同學分租了曼哈頓下東城 Bleecker street 的公寓，睡在樓梯下的一小塊空間，不過大房東在這棟樓的旁邊還有一塊空地，居然恩准李安把車子停在那裡。八零年代初期，那裏的治安非常亂，李安晚上回家，有時要躲在街角，等槍戰結束才趕快衝進家門。雖然停車的地方有一層樓高、頂上裝有刺線圈的鐵柵欄保護，然而新車的誘惑力實在太大了，還是有人冒險翻進把車窗打破！

沒有窗戶的車是無法停在紐約街頭的，李安只好暫停拍片、用垃圾袋貼好破窗、一路叭叭叭的開了 18 個小時，把車子送回伊利諾讓我收拾殘局，自己轉頭又飛回紐約繼續拍片。等到八月我們結婚前，我再把修好的車開去紐約，好帶大家去旅行。

阿貓的出生比預期來得早，李安臨時趕過來，紐約剪接還敞著一攤子，所以兩個多禮拜後，等我們差不多安定下來，李安就回紐約了。他剛到沒多久，就打電話來說車子不見了！（實在怕接電話⋯）原來上一次車子在紐約時，停在借住的學弟家，學弟開出去拿到停車罰單，他以為既然是外州伊利諾的車牌，罰單可以一概不理。沒想到當年紐約街頭有人專門在街上巡邏，看到外州牌照，就立刻打電話去查詢有沒有欠繳紐約市的交通罰單，一旦有債，立即叫拖車來拖走，車主只有提一袋錢去付罰款 + 利息，才能把車子贖回。

這輛車一直開到 1986 年初，我畢業後搬來紐約不到兩個禮拜，在一場大風雪中被一輛下坡失控的車子撞毀報廢。

李安數螞蟻的六年

1985年感恩節，李安的工作還沒著落，因為我要寫論文，所以李安就過來伊利諾州帶阿貓。我每天帶兩個便當去實驗室，阿貓要睡覺前，他們給我打電話，跟我講一講，李安就帶阿貓去睡覺，我繼續工作到半夜。

後來我們決定搬來紐約，有對同學夫婦的先生在IBM做事，太太在康州做會計師，他們買了房子，所以我們就租他們家車庫樓上的一間房。我們到紐約時是1月底，大雪天我去上班，才知道根本沒人上班。那天晚上回家時，有人從山坡上失去控制，撞到我們的車，車子就全毀了。

李安那時正在安排去加州，他總是這個希望沒了，另一個新希望就會冒出來，反正他就是去加州了，我原來說，「你在哪裡我就去哪裡，因為我不要一個人帶小孩。」可是來紐約後我發現，我還是一個人。

阿貓很不適應紐約的新環境，原來在伊利諾時，他的保姆家最多是有另外一個小孩在那，可是到了紐約，我老闆替我找了育嬰中心，那裡的小孩簡直像流氓一樣可怕。我每天帶他去，先陪他半個鐘頭，他都一直在哭，等我從實驗室回來去接他時，他還在哭。他每天半夜都會醒來，大哭兩個鐘頭，我們當時住在別人家，不好意思讓小孩哭這麼久。阿貓那時連看到床單的花，都以為是什麼可怕的東西，大哭特哭。

我記得到了1986年7月，我有一天跟我媽打電話，我說我要離婚了，我媽以前非常反對我們結婚，但這時她卻說，「已經結婚了，又有小孩，就不要離婚了。」

我自己也很難過，因為我一向認為自己是個很公平的人，現在李安沒有工作、也沒有收入，可是他還是個人，我怎麼可以把他當作二等公民對待？這樣一想，我就想開了，就是那麼回事，你要怎麼辦呢？

李安去加州沒有什麼結果，不久又回到紐約，我那時在紐約市北邊 Westchester 一個私立醫學院做博士後，阿貓白天交給我去上班路上的一個保姆照顧。

這期間我二姊曾很熱心的打電話來說，希望李安去她那邊 Silicon Valley 唸一個短期電腦培訓班，就可以找到工作。李安不是這種人，連動念都沒有，我別的還看不清楚，叫李安去學電腦？這是完全不可能的事情，你還不如把他殺了算了。縱使他有這個心，他也沒有這個能力。

在石頭出生之前，我的家人都會找很多理由寄錢給我，但李安說，給我們寄錢會傷了他的自尊，所以我就自己到銀行，把那些錢都放到另外一個戶頭，省得他囉嗦。

難忘 1989

1989 年是我懷石頭的那一年，很多事情都在那一年發生。我從來不相信李安有一天真的會去拍電影，我認為他就是在那裡做夢，他抑鬱的時候，我們就去吃肯達基炸雞。

記得那時我要去 DC 開會，李安說我們全家應該順道去度假，那時阿貓還在育嬰中心，李安就安排所有的事，我開完會從 DC 飛到紐約的機場，在那裡跟他們碰面，然後我們到加州去渡假，他就租了車子。

那時候 Leslie 住在 Long Beach，所以我們先去她家看她，包亦盈住在 Arcadia，我們接下來去找她，然後我們從那邊開去優仙美地國家公園 Yosemite National Park，之後再開到 Milpitas 我二姐家，就這樣子搞了一趟，阿貓是在我二姐家過的 5 歲生日，之後我們就回到紐約。

到 6 月時，李安的弟弟已經離婚又再婚，他的新婚妻子安排了要來美國度蜜月，那時李安已經待在家很多年了，他們就好心的給李安也買了機票，我記得是一個禮拜五，李安自己飛去加拿大 Calgary，我還記得他坐的是 Delta Airlines。他走了之後，我去育嬰中心接了阿貓，覺得好輕鬆，正好他們學校有什麼 BBQ，我們就在外頭混了一陣子才回家。

回家之後發現答錄機要爆炸了，一大堆的留言都是他弟弟的新太太留下的，他弟弟的新太太有綠卡，但忘了她先生沒有綠卡，所以他不能去加拿大，還要辦簽證才行，既然不能去加拿大，他們就說晚上要來我們家。

李安決定他要繼續原訂的行程，一個人跑到加拿大 Lake Louis，那時正好發生天安門事件，伊朗的宗教領袖 Khomeini 也過世了，李安在 Lake Luis 租了一個快艇，賞心悅目的，一直到他上飛機打開報紙，才發現世界都變了。他多年後拍「斷背山」Brokeback Mountain（2000 年）才有機會重遊舊地。

那天深夜，我帶阿貓去 La Guardia 機場把李安的弟弟和弟媳接回家。過了幾天李安回來，兄弟倆終於見面了！做生意很成功的弟弟給哥哥買了好酒及兩個水晶酒杯，跟老哥夜夜把酒話舊，把老哥從情緒低谷再拉回來。

因為我跟李安是 8 月結的婚，所以 1989 年 8 月我們結婚週年的那天，我們破天荒的跑到 Red Lobster 大吃一頓，等我們回家時，我大姐一家人帶著我的爸爸媽媽，已經在家門口等我們了，他們去緬因州渡假，順手帶了緬因的龍蝦來，我們才剛在餐館吃了龍蝦，雖然他們是體貼，還是讓我們啼笑皆非。

那天晚上，我們在白原市 825 平方英尺的小房，睡了我大姐一家 4 口，我爸爸媽媽 2 人，我們 3 個，總共 9 人，我的手已經掛到了外頭樓梯的扶手，等到他們走了，我發現我又懷孕了。

李安開始寫劇本

紐約有一個香港人 Peter Chow，那年 10 月他在紐約辦亞洲影片的展覽，很多中國人從各地趕來參與盛會。李安在當場遇到了劉怡明，她跟李安是同年同月同日生，她是 UC Berkeley 的高材生，畢業後又去 UCLA 唸電影，正在好萊塢累積經驗中。

她邀李安一起拍片，李安就把劉怡明帶回我們家，兩個人談得興高采烈，那時大家都還沒有什麼經驗，就把電影情節以三段式湊成了。等到劉怡明離開以後，李安就很認真的開始寫劇本，劇本是中文，劇中的人物都是他從生活中取材。例如以前我們學校裡有一位很有氣質的女孩，長得不很漂亮，李安就以她為模型，寫了一個「長髮為君剪」的劇本。他還寫了一個他在報紙上看到的故事：中國人為了要積陰德，買了一大堆烏龜，跑到一個水庫去放生，反而把原住民保護區的生態給破壞了。他又寫了一個關於武功的東西，加上一位太極大師，就變成 1990 年的「推手」，他寫「推手」時，我們已經窮得一塌糊塗，我還記得我當時把兩個劇本「推手」跟「喜宴」拿到郵局去寄給台灣新聞局參加甄選，心中真的沒什麼底。

李安為了要寫劇本，就有了很好的藉口，每個禮拜四坐火車到城裡去學太極，所以每個禮拜四我要先趕回家，他才能夠進城，那個時候我們很窮，他平常也不好意思進城，因為坐個火車再吃午餐，來回十幾塊的車票錢，在我們當時來說是很多的錢，但他要寫劇本，不去學怎麼寫？

劇本「推手」、「喜宴」得獎

1990年底,「推手」得了行政院新聞局的優良電視劇本首獎,1991年經過中央電影公司副總經理徐立功邀請,拍成電影。1992年「推手」在台灣獲得票房的成功,得到金馬獎八項提名及亞泰影展最佳影片的肯定。

幾年前李安的學弟回臺灣,帶了「喜宴」的劇本去中影推銷,一開始,李安想找盧燕演媽媽,陳沖演女主角,男主角找尊龍,雖然他們都是家喻戶曉的大明星,但是中國演員一直到今天,在美國還是鮮少有演出的機會,隨便有一個稍微不錯的角色,大家都願意演,結果沒有談成,因為那時臺灣對同性戀無法認同,美國則是覺得「喜宴」內容太中國了,沒人要看,It is too Chinese for Hollywood, too gay for Chinese。

李安把這兩個劇本寄到台灣的中影公司,因為這是新聞局第一次對海外開放及甄選劇本,以前是沒有的。當時李安的好朋友馮光遠在中國時報的攝影同事正好去巴黎度假,在巴黎街頭看到一個廣告,說台灣新聞局在海外甄選劇本,就告訴了馮光遠,馮再轉告李安,李安就把「推手」的劇本寫完,又把「喜宴」的劇本重新整理一下,我就把兩個都寄出去了,純粹是希望拿獎金,不是為了要拍片。

那時金馬獎的評審在審閱時是不看名字的,所以他們一直以為「推手」是大陸人寫的。那時的新聞局長是邵玉銘,下面的承辦人叫謝慧鵑,她很好心,她知道我們很窮,就幫李安申請了機票,讓他回去領獎,李安還跟弟弟借了西裝領帶才上臺,正好徐立功開始接管中影,做製片人,他們一見面就談成了。回想起來,這個緣份的拼圖只要缺一塊,就不會成功。

好萊塢講究的是 You are as good as your next movie,所以不管你剛得了三個奧斯卡,還是得了金球獎,都不重要,重要的是你的下一部電影會怎麼樣。在我懷石頭的時候,李安到了那種患得患失的地步,也開始迷信了,他以前是不穿黑色衣服的,不知道是哪個大師的指點,他那時候就會穿。

「推手」、「喜宴」拍成電影

　　李安在開始導演「推手」之前，他興奮極了，每個禮拜都會去紐約市學太極拳，「推手」後來請到幾個老戲骨，演技真的很到位。在開拍「推手」之前，我得了甲狀腺亢進，自己卻不知道，被病魔整的死去活來，所以對「推手」得獎也沒有感覺。

　　「推手」及「喜宴」都是在紐約拍的，那時我們就住在紐約郊區一個825平方英尺的小房子裡，正好徐立功接手「國家電影資料館」的館長及「中央電影公司」的副總經理，他想製作電影。李安得獎後，他就找李安把「推手」拍成電影，李安回答說，「我要考慮、考慮。」有人說，「你這個人真奇怪，你已經等了六年，現在給你機會拍片，你還要遲疑。」

其實當初李安會寫「推手」這個劇本，純粹是為了賺獎金，不是為了拍電影。他想如果第一部片子就拍兩個老先生、老太太談戀愛，誰要去看？萬一第一炮失敗了，就沒有以後了。沒想到「推手」大受歡迎，徐立功就說，「那接下來我們就拍『喜宴』吧！」。

徐立功對李安的幫助是沒齒難忘的，沒有徐立功就沒有當時的李安，我後來寄給徐立功一封感謝的卡片，我寫，「你對我們家的好處罄竹難書。」事後我才曉得「罄竹難書」是句不好的話。

「推手」是 91 年 4 月拍的，之前有一位職業作家來家裡跟李安工作，我記得他叫 David Lesterson，因為他的介紹，李安認識了「好機器公司」Good Machine 的 James Schamus 及 Ted Hope，這兩位拍片不是低成本 low budget，而是零成本 zero budget。雖然「推手」是中影拿錢拍的，但有了好機器公司兩位先生的經驗加持，最後順利的把片子拍出來，那時沒有他們，我覺得還真的拍不出來。

據我所知，「推手」一毛錢都沒有賺，後來有沒有賺我不知道，反正我們日子照過，我們這一輩子就是來還債、或是來積德的。

「喜宴」本來五年前就要開拍，因為劇情太先衛了，沒人敢拍。後來「喜宴」得了柏林的金熊獎，受到各地的注意，也幫助了票房。再回台灣放映時，因為那時大家都崇拜在外國得獎的東西，賣座及口碑都很不錯，1993 年，李安以「喜宴」得了金馬獎的最佳導演獎。

這兩部片子在紐約打下了基礎之後，李安就說下一部「飲食男女」要飛回台灣拍，因為想把「飲食男女」（1994）拍成李安想要的水平，光靠紐約的錢是不夠的，又因為「喜宴」得了金熊獎，台灣政府願意支持，所以李安覺得只有回台灣才有可能達成目標。

　　李安在 1993 年勞工節之前就走了，先是去歐洲宣傳「喜宴」，然後回台灣拍「飲食男女」，一直拍到 1994 年年初才回來。

　　有心拍電影的人都應該知道，每一部片子你都有一個目標在那，然後就是每天都在懊悔、在妥協，因為再小的電影也有一堆人在那裡，你就必須隨時為時間、金錢、人選妥協，壓力很大。

　　很多導演會戴個太陽眼鏡，不是因為他很酷，而是他不要讓人家知道他有多害怕，因為他自己也不曉得在幹嘛，所以他藏在黑眼鏡後面。

李安在「喜宴」中客串,講了一句台詞:「你正見證五千年性壓抑的結果」

李安講過，「一部電影你不可能每一個細節都去顧到，因為你沒有那麼多時間、沒有那麼多錢。」以那時的預算，「推手」大概才拍了四個禮拜，你必須告訴自己，「我這一部電影有三場戲是最重要的，」別的地方你就可以馬虎過去，但這三場戲你要堅持你自己，拍出來要像樣。

　　你不可能每一部片子都要求完美，但每一部至少都要比前一部更進步。「推手」講兩個老人你來我往，「喜宴」有一個結婚的場面，稍微複雜一點，「飲食男女」就更複雜了，一個老頭有三個女兒、三個女婿，還有一個老太太想跟他結婚。李安一直在進步，這就是他拍每一部電影的目標。

　　記得在一個電影會，有人問我：「你當時在跟李安交往時，怎麼知道他會成功？」我閉上我的大嘴，我真的很想回她，「所以你每次交男朋友，都是後面有個計算機在算嗎？」

　　其實不只她一個白癡，就講我媽好了，我媽有一年來我們家，在那邊抱怨我大姊夫怎麼樣、怎麼樣，我二姊夫怎麼樣、怎麼樣，那時李安還在家裡數螞蟻，我就說，「你管那麼多幹嘛？他們自己選的，那就自己去負責吧。」我媽說：「這兩個可是我選的喔。」我說：「那你就該負責了。」我媽馬上回嘴：「你看我沒有選的時候是什麼樣子！」

電影這個小宇宙

拍片是一個很奇怪的經驗，它讓一群人活在一個虛構的世界裡。每當李安拍到最後時，要收工了，大家都在那邊擁抱痛哭，因為他們已經活在自己的世界裡一陣子了，都不願意離開。在拍片時你什麼都不用管，生活上的大事或小事都可以漠視，但拍完片後，你就得回來面對現實，有些人就離婚了，或是跟男女朋友分開了。

石頭拍過一部好萊塢片，我去泰國看他們拍片，片場的士氣很低落，令我印象深刻。 大概是三年前，我有兩個朋友從德國來，她先生主管一間德國老牌公司，這家公司從第一次世界大戰以來，就開始賣拍電影用的攝影器材。他們正好來紐約，我請他們吃飯，他們說第二天要去 Brooklyn 片場看拍片，因為是他們提供的攝影器材。

過了幾天我問：「怎麼樣？你們探班的經驗如何？」她說：「唉呀，不要提了。」她說在片場大家都非常不愉快，導演堅持不准他們在現場看，我想這怎麼跟我兒子以前在泰國拍片的情景一模一樣？結果發現就是同一個導演。

李安在英國拍「理性與感性」的時候，因為小孩放春假，我帶他們去英國看拍片，替李安開車的司機是蘇格蘭人，叫 Haggis，英國人都很有禮貌，他來機場接我，還給我一束花，每天把我們帶來帶去。他說，「這一部片子會很成功，因為大家都一團和氣。」我就問，「Haggis，你怎麼會知道？你們開車的都是待在最外圍啊？」他說，「我有太多經驗，我聞一下就知道。」

我後來想通了，他們開車的司機都是工會的成員，工會是一個很大的組織，他一早把你送去，晚上再接你，中間沒事就等在那邊，司機們就彼此聊天， 你想想，每一個開車的人，都會聽到一些工作人員或演員在回家的路上講的東西，所以他們真的是最清楚的，當然這只是我個人的經驗。

結果，李安的「理性跟感性」在 1996 年獲得奧斯卡七項提名，還得了最佳原著改編獎。

李安拍了二十幾年下來，每部片子的拍片現場氣氛都蠻好，這些片子的共同點就是導演李安，這跟李安的好脾氣還是有關係的。

當然他也會發脾氣，像是在「飲食男女」裡，吳倩蓮演的二女兒最優秀、擁有最多男朋友，但最後只剩她沒結婚、住在家裡，等爸爸回來看她時，她就下廚做菜給爸爸吃。有一道菜是三絲湯，把三絲扣在杯子里、湯澆上去、杯子移開，三絲打開成一朵花。吳倩蓮要一面唸臺詞，一面倒湯，她老是唸錯台詞，已經三更半夜、已經搞了六份，台詞都還沒講對，李安氣得衝出去踢門，管飲食的林慧懿就安慰李安，「導演不要生氣，我們把這麼多杯再撿一撿，再把它弄回去，就可以再多拍幾次了。」

我記得有一次去看「理性與感性」的拍攝，Kate Winslet 演的角色的爸爸過世了，英國那時家財是傳子不傳女，所以 Kate, Emma 就準備跟媽媽搬出去，讓哥哥嫂嫂搬進來。李安要拍 Kate 走進屋來，把草帽脫掉，然後跟媽媽說，「你的表哥寄了一封信來，說我們可以去住他的 cottage，」光這麼一個景就拍了 25 次，Kate 都快哭了，她不知道她哪裡不對，只有導演知道。

所以我不太喜歡去看拍片，因為導演知道他要的東西有沒有抓到，別人都不會知道，演員就只能在那拼命的演。

「冰風暴」(1997) 是講 70 年代大家崇尚自由、流行換妻的故事，所謂的 key party 就是在場的男生都把自己開車的鑰匙擺在一個碗裡，讓每個女生去撈一個鑰匙起來，撈到誰的鑰匙，就跟那個人回家。在完全沒有束縛的年代，性解放其實也蠻可怕的。

男主角由 Kevin Klein 演，他是非常好的演員，李安要他演跟鄰居太太偷情，還要教訓自己小孩的戲，雖然他在認知上知道怎麼演，可是他每次演完，李安

就叫他重來，一直到他快翻臉了，心想，「這是怎麼回事？」他那個表情才是李安要的。導演在剛開始的時候，當然不能跟他講白，否則他演出來就會假兮兮，對不對？

The Ice Storm (1997)

李安拍片的軼事趣聞

1995 年，李安第一部英文片是「理性與感性」，這部電影的製作人是 Lindsay Duran。我第一次見到 Lindsay 的時候，她大約四十幾歲，她把一頭波浪捲髮紮個馬尾，看起來就像個小女孩。她爸爸是好萊塢的老牌製片，她本來並不打算走電影這條路，命運的安排讓她多年後又回到好萊塢，從基層慢慢往上爬。她原來在 Paramount，後來又加盟導演 Sidney Pollack 製片公司 Mirage Enterprises。

Lindsay 在英國拍電影的時候，認識了艾瑪湯普遜 Emma Thompson，Emma 是一個有各種天分的人，因為 Lindsay 很喜歡這部 Jane Austin 的英國小說，她就說服 Emma 來寫劇本。

那時大家都認為英國古典小說已經過時，也沒有人肯拍英國的古典電影了，所以 Lindsay 認為，她那時若找個英國導演，拍出來的影片肯定找不到買家。正好 Lindsay 有個助理看過「喜宴」，他說這個導演李安有他們要的幽默感，所以不妨找李安來執導，李安就被雇去做導演（work for hire）。

看過「理性與感性」的人都會覺得李安的英文一定非常好，否則他怎麼能夠在片場掌握全局？其實他在拍片的時候，緊張到胃潰瘍。他以前是不抽煙的，可是他在拍片時，晚上要研讀劇本，他說他一定要抽煙，要不然就無法拍。他會得胃潰瘍是因為他壓力太大了，該片所有的演員不是劍橋、就是牛津的高材生，這些英國演員都受過嚴格的舞臺劇訓練，你讓他們把電話本拿起來唸，你也會覺得他們是在唸莎士比亞。

那是他導演的第一部英文片，之前的「飲食男女」是在臺灣拍的。在中國的拍戲系統裡導演最大，他要坐下來，都不必回頭看有沒有椅子。這次跑到英國拍片，給了他一個全新的體驗。中國人比較乖，導演說了算，在英國，導演說什麼，就算演員相信你，他也要問為什麼？

在戲裡，Emma Thompson 喜歡的男生終於回頭了，那你要用多大一個鏡頭來表達？怎麼拍、怎麼演？李安叫他們從遠處走近，攝影機放很遠，他們緊張死了，一直問，「你在拍什麼？」

那時李安帶了跟他合作前幾部電影的 James Shamus 一起去英國，James 在哥倫比亞大學教電影，李安不太喜歡跟別人打交道或是處理的雜事，就可以請 James 去打點。

因為劇本是 Emma 寫的，她在寫的時候就一直在想這個角色應該由誰演，所以最後她推薦的演員，基本上都錄用了。Emma 以「理性與感性」這部片子獲得 1996 年的奧斯卡最佳改編劇本獎。

拍片之前，李安覺得他不瞭解英國，所以他要求一段比較長的拍片前期準備時間，記得有兩三個月吧，該片有個美術總監 production designer，是一位年長的女性，她是位住在英國很久的巴西人，她就帶著李安到博物館四處去看畫，李安還要求找個教禮儀的人，因為禮儀在那個時代很重要。

最後拍完是在七月初，一共拍了三個月，算是拍得蠻久的，因為拍片每天都要花很多錢，像是「推手」、「喜宴」都是四個禮拜左右就拍完了，一個禮拜拍六天的話，四個禮拜就是二十四天。

一位資深的影評人說，「英國演員多數都有深厚的戲劇訓練，換張面具演戲是最基本的要求，艾瑪湯普遜、休葛蘭和艾倫雷克曼，在本片的造型上，讓人眼睛一亮，對於戲劇詮釋的肢體控制，更是相當精彩，老面孔演出新意，必須歸功於李安的品管要求。」

2000年「臥虎藏龍」的選角

在小說裡，玉嬌龍是一個高高瘦瘦的大家閨秀，所以李安團隊那時找了一個大陸剛出頭的女星，這位女星正好有部電影去參加坎城影展，她不在中國。拍武俠片一定要由會跳舞的人來拍才好看，它不只是武打，不能只跳兩下子，那就沒有看頭了，楊紫瓊和章子怡都是學跳舞的，要把腳踢多高，身子怎麼轉，她們都懂訣竅，可是章子怡看起來不像大家閨秀，而原先找的女星剛剛周遊列國回來，上場練兩下子，腿都提不起來，後來又生病了，就不能用，所以章子怡是臨時補上的。

男主角李慕白原來要請李連杰演，李連杰那時住在加州 Arcadia，太太要生孩子，所以他推辭了。楊紫瓊一直就是李安心裡的俞秀蓮。我發現拍任何一部電影，剛開始計劃的任何事情，到最後都會和原先想的不一樣，意外才是正常。

很多人看完電影後問，玉嬌龍最後跳下去是什麼意思？對我來說，那簡直太自然了，玉嬌龍覺得不好玩了，這個世界沒有值得留戀的，不走幹嘛？在原著裡，一開始玉嬌龍就跳了，她是為了逃婚，因為她武功很高，她跳下去以後，故事才展開。

李安拍「臥虎藏龍」歷盡了千辛萬苦，一天拍二十四小時，他沒有一分鐘休息，每天三班，八小時拍文戲，八小時拍武戲，八小時跟紐約的剪接師工作，讓他完全準備好在2003年拍「綠巨人」。

因為「臥虎藏龍」賣得很好，許多人就希望李安拍「臥虎藏龍前傳」，這時資金也很充裕，2004年李安就帶著阿貓到大陸勘景。作家王度廬寫了五本「鶴-鐵 五部曲」的書，「臥虎藏龍」只是其中的一本，但李安後來又有了其他更適合他的挑戰，就沒有繼續做前傳。

邱彰問我：「「臥虎藏龍」有個編劇是蔡國榮，有一次他說到你們紐約家住，白天他想抽煙，李安說絕對不可以在他家抽煙，因為太太反對，所以蔡國榮就只好坐在門口抽。晚上餓了想吃東西，冰箱一打開，差點昏倒，因為裡邊每一盒東西都有號碼，如果他隨便拿一盒出來吃，就會把順序弄亂，他就只好把他自己帶來的伴手禮鳳梨酥吃光了。」

我跟邱彰說，「沒那回事吧，那肯定不是我家！我在實驗室都忙死了，怎麼還有時間在家裡 1234567 呢！」不過那個時候誰到過我們家，我也不一定知道。我曾在孩子的學校「Back to School Night」，碰到一些別人的父母說我們家怎樣怎樣，可是我從來沒有看過那些人。

我們家那時是在一個初中後面，哪個小孩沒趕上校車，或是保姆忘了接，就會先跑來我們家玩，我都是很晚才回來，可能他們來玩過以後，就被父母接走了，所以我沒看過他們。李安說蔡國榮是到過我們家，只是我完全沒有印象，但不太可能說冰箱裡每一個食物都放 label 吧！我哪有那種羅馬時間？後來蔡國榮猜那應該是李安的傑作。

邱彰與義守大學電影電視系蔡國榮教授在「臥虎藏龍」電影海報前。

2003 年「綠巨人」

李安的「綠巨人」票房雖然不理想，但我蠻喜歡那部電影的。大家把 Hulk 看成漫畫書中的 Super Hero，其實 Hulk 只是一個很安靜的人的 Alter ego（另一個我），他是從漫畫裡衍生出來的人物，所以他跟其他人不太一樣，這部電影李安是在講父子之情的糾結！

我有機會會再看這部電影的！我最喜歡它的結尾 --Hulk 跟爸爸大戰，他爸爸一直要把兒子的力量吸走，他們越戰越烈，最後被軍方發射的致命武器擊中，然後一個嬰兒慢慢的飄下來。兒子長期以來一直活在老爸的陰影下，就在爆炸的那一瞬間，他成長了（coming of age），他跟爸爸的力量平衡了，他終於長大了、出師了、可以跟爸爸抗衡了，不幸的是「綠巨人」賣的不好，李安的爸爸也走了。

「綠巨人」有很多資源，預算很高。我記得那時我們是坐私人飛機去宣傳，我就有不祥的預感，人生越得意的時候，迎接你的就只能是倒楣。「綠巨人」是部盛暑猛片，專家原先估算它第一個週末的票房能有多少多少，結果跟預期的差很多。一部電影你不能用它拍片的預算來看它的開銷，因為宣傳費往往比拍片的花費更可觀。

「綠巨人」不是一個 super hero 電影，男觀眾去看，是因為要看 super hero，女觀眾可能光聽片名就直覺反應說，「我們喜歡的導演怎麼去拍這種電影，不要看！」其實李安的電影都是拍給他的老觀眾看的，要他拍純粹的笑話片，他拍不出來。

2005 年「斷背山」

　　拍完「綠巨人」以後，李安心力交瘁，他想拍一個很小的東西，他忽然想到以前人家給他看過「斷背山」的劇本，他就問製片，「你問問看那個劇本還能拍嗎？」一查居然還有，他說，「這個電影就是到山裡面拍，比較沒有壓力，也不需要花很多錢。」他本來還想拍黑白片，他就是想藉機修心養性一下，晚上可以休息，早上再打起精神去拍片。拍這部電影時，他四周全是年輕演員，他一拍完片，就回家把門關起來，沒有力氣跟別人有任何交往，像隻受傷的動物在舔傷口。

　　電影是個完全視覺的東西，所以每一部電影裡最重要的場景都是：觀眾看完之後走出電影院，腦子裡還在呼呼想的那一幕。我有個鄰居這兩年在寫劇本，我也幫他看看，有一次我說，「做導演要投入這麼多，所以一定要有個東西讓你很感動，「斷背山」就是那兩件 T-shirts 抱在一起！」我鄰居就說，「哎呀，我的 T-shirts 在哪？」

2007 年「色戒」

　　『色戒』的劇情影片講述嶺南大學學生王佳芝在香港，和話劇社同學演出抗戰愛國話劇，因為大獲成功，激起了她的熱情，參與了話劇社同學的鋤奸行動，通過社交活動，意圖暗殺汪精衛政權特務頭目易默成。

　　然而王佳芝卻在這一過程中，對易默成產生了複雜的情感，她在關鍵時刻，選擇背叛政治使命，放走易默成，易默成在成功逃生之後，將王佳芝一夥人槍決處死。

　　在王佳芝把易先生放走後，她一個人漫無目的在街上走，忽然有一輛三輪車來到她面前，「你要去哪裡？」那時已經兵荒馬亂，城裡開始封鎖了，我想像那是位天使，是要來把她拯救出去的。

　　後面的那些發展都是易先生的報應，王佳芝其實已經走了。她在易先生給她戒子的那一剎那，不管是她自己的想像，還是什麼，她已經得到這輩子都沒有得到的愛，這跟騙不騙沒有關係，因為她沒有覺得被騙，王佳芝腦筋裡感受到愛，不管真假，她得到了。

　　那個來接她的三輪車夫不是個演員，是現場的一個工作人員，他的臉孔格外溫馨，特別被選來演這個重要的安慰時刻，他回頭說，「回家？」他是來把王佳芝帶離苦海的。他背心後面的號碼，就是李安的生日，是要給王佳芝祝福的。對我來講，「色戒」的兩個關鍵點，就是王佳芝充滿淚水看著易先生的那一剎那，還有易先生望著王佳芝床單的奏摺，其他的劇情在我看來都無關緊要。

　　拍片不只是苦，還很恐怖，李安要把人性中的黑暗面、那些自己都不知道的黑暗面給挖出來。記得中間有一段時間，他每天拍完都要大哭兩個小時，壓力太大了，他可憐的製片就在旁邊陪著他。

拍片當時,他們正好在一個很小的島上拍攝,一些片中的學生利用暑假在海灘上練習射擊,因為島很小,他要大哭沒有地方躲,只能在島上最遠的地方偷偷的哭,不能讓工作人員看到連導演都這樣,怕大家都沒氣了。

　　「色戒」我看了至少 25 遍,因為「色戒」試映了很多場,本來李安的事我都懶得管,但第一次試映時,他的助理找了一堆人來看,我發現這個電影不是給每一個人看的,有些人縱使看了兩百遍,也不見得會看得懂或接受。從那以後都是我在找人看試映,他要找什麼樣的人,我就給他找什麼樣的人,既然人是我找的,我也得陪著看啊。

2009年「胡士托風波」Taking Woodstock

這部片子是由喜劇演員 Demetri Martin 扮演伊利特 Elliot Tiber，他在無心插柳的情況下，成就了 1969 年「胡士托音樂祭」的傳奇事蹟。

這部片子講述 60 年代美國本土音樂的歷史與文化，以小人物為題材，劇情講的是小人物的自我定位問題及家庭問題，看似雜亂無章，其實是人類共有的課題，賣座不好，是因為影評及觀眾期待有音樂會，才會失望吧！但我覺得李安有把 Woodstock 音樂祭的精神拍出來。

Taking Woodstock 是一部讓李安休息的電影，是在我們家附近拍的。因為「色戒」讓李安的美國合作人虧了很多，所以 Woodstock 這部片子是那位合作人喜歡的類型，李安有一點還債的意思，結果也沒還成，因為沒賣好。

李安拍片很容易就講到父母、家人，因為那是他人生很重要的部分，幸好這也是很多人很重要的部分。Taking Woodstock 講的是兒子跟父母的關係，那個媽媽 Imelda Staunton 是一位非常好的演員，她在「理性與感性」中演個三八婆，2004 年她曾經演過 Mike Leigh 導演的 Vera Drake，獲得奧斯卡最佳女主角提名。

2012 年「Life of PI」

　　「少年 Pi」的劇本在以前就來找過李安，然後又去找別人，因為那個劇本充滿了最難拍的元素，好萊塢的名言是，「拍電影不要拍小孩、動物、水，這些都是最難搞定的。」

　　正因為李安不懂電腦，不知道做 3D 電影的繁瑣細節，只知道 3D 會給這個海上歷險記帶來驚艷的效果，正因為他的不知民間疾苦，才能成就大作。結果這部電影從頭到尾大概花了三年，拍攝約六個月。

　　他七月打電話來說，「拍完了。」我說，「怎麼可能拍完？」我恍然大悟，人生的事情大部分都是吭吭巴巴，但有的人能把它熬出來做完，李安有個特質，就是可以把再難的事都做完。你說他是個一點用都沒有的人，什麼都不會做，但他可以把這麼難的電影拍出來，還得了一大堆獎，這部電影除了需要大資本，裡面全是印度人，這種電影要怎麼賣？是要賣給小孩看老虎呢，還是給印度人看小孩？好萊塢也需要到外面去找錢，它是以 Fox 之名去籌款的，裡面有部分印度的錢，從無到有，大概搞了一年，你若是投資老闆，你也會舉棋不定的。

　　在好萊塢拍電影的人，其實個個都很膽小，都不喜歡冒險。我前一陣子讀了一本書，作者提到他朋友現在是好萊塢的經紀人，朋友跟他解釋，好萊塢一開始是由紐約成衣區的猶太人投資的，所以一直到今天，好萊塢對拍電影的心態都是跟賣衣服一樣，追求皮毛、追求很快的回收。

　　「少年 Pi」是在台中開拍的，我在現場，那時正好是建國一百年，臺北大直有放煙火及水上表演，演 Pi 的男孩 Suraj Sharma 一家人都來了，他爸爸本來就在台灣陪他，媽媽、弟弟、妹妹都來了，我們就一起去看煙火。

　　他媽媽是個數學博士，她在開拍的那天一早就帶了兩個小孩回印度了，因為她要回去上班。那一年的冬天台灣比紐約還冷，第一場就是在大水池裡拍的。Suraj 原來不會游泳，他是拍這部電影時才臨時學的，那個鏡頭他需要憋氣，從不會游泳到憋氣一分半到兩分鐘，水又那麼冷，他媽媽如果在，一定會說：「Stop！我兒子要得肺炎了，不准再拍了。」

　　劇情演他在睡覺時聽到聲音，出來看看是怎麼回事，才曉得船遇大風暴了，為了拍大風暴，劇組用了兩個工業用的大風扇吹他，再加上用消防栓的水柱沖他。那時我們都穿著毛衣再加一件厚大衣，他則是一件薄薄的睡衣，還要一趟一趟的出來演，唉唷，還好他媽媽走了。

儘管台灣的現場單位每次都會派人先跳到池底，為 Suraj 安排這個那個，可是到最後 Suraj 還是得自己下去，因為電影裡就是他一個人在汪洋大海上漂啊！他真是個難得的年輕人。我覺得好演員不光靠毅力，還要有天分，Suraj 就有，連我看 Suraj 的試鏡，都會 wow 的驚嘆！他從來沒有演過戲，剛出現時，臉上戴著一個像酒瓶底的眼鏡，頭髮亂七八糟，他只是陪弟弟來試鏡的，後來選角導演跟他說，「你也來唸一下臺詞吧。」他才唸一遍，味道就出來了，後來李安又跟他解釋了一下，叫他再唸一遍，哇，就是他了，沒話說！你會覺得他上輩子就是演員。

影片後期必須在好萊塢的 Fox Lot 做後製，Fox Lot 離李安那時住的地方隔了一條街，裡面很大很大，一般人都是走進大門就到了，李安則是要走到最後面才能進剪接房，他那時候每天跟 Fox 的大小主管糾纏，可以少待幾分鐘在裡面，他都很高興。

每部電影給人最深的印象不一樣。對我來講，這部電影給我印象最深的就是最後那個老虎頭也不回的走了。

因為這部電影，2013 年李安得到 85 屆奧斯卡最佳導演獎，Suraj 則是得了九個各式各樣的獎。

2019 年「雙子殺手 Gemini Man」

「雙子殺手」是一部科幻動作驚悚片，劇情講述一個為美國國防情報局工作的一流職業殺手，被比自己年輕強壯的複製人追殺。「雙子殺手」原來的劇本是在當年春天拿給李安的，他們打算 9 月拍，平常這種東西李安是不看的，但他當時正好有一點時間，就給人家回了一封信，基本上說，「謝謝你，我覺得你這個劇本應該丟到垃圾桶。」當然原信的口氣比較緩和。

「雙子殺手」這個劇本已經在好萊塢傳來傳去至少 20 年了，原來是要 Harrison Ford 演一個已經年過五十的人，跟他年輕的自己去戰鬥。以前沒有這種科技，所以二十幾年來都沒有人拍。李安接到的那版劇本上面列的作者還包括 Game of Thrones 的原創 David Benioff，他想，「人家馬上就要拍了，應該也不會再找我了。」結果人家居然說，「ok！我們重寫。」

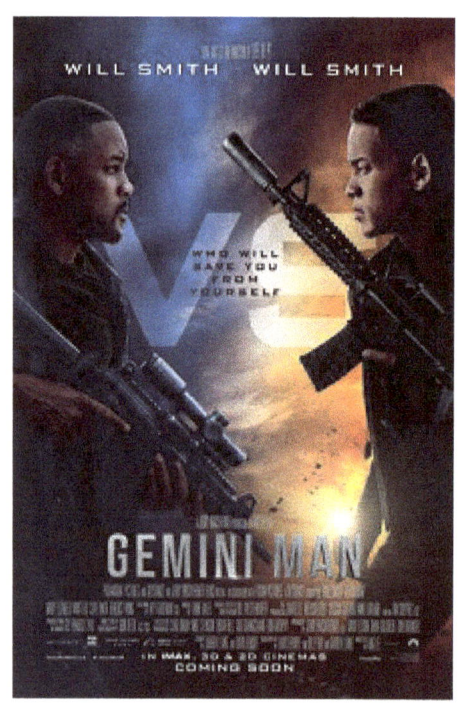

李安現在又在醞釀新的電影，反正電影這條路就是一步比一步難走，李安每次打電話回來，都說，「活不下去了、要放棄了、沒有辦法再做了！」可是我知道他一定會繼續做下去，當然任何事情要做好都是非常難的。

以事後豬葛亮的說法，李安當年數螞蟻 6 年的苦，現在看來真是微不足道，今天他走的每一步路都比上一步難，他雖然說不做了，但不可能不做，他若是真的放棄在家的話，我就慘了。

拍電影步步為營

劇本

如果你也有個電影夢,先問自己:「我要說什麼故事?我的中心主題是什麼?什麼是讓我喜歡及感動的?」其他的你再去編,或者再去找對的劇本。

我看過「推手」的劇本,因為是李安自己寫的,是他自己要拍的,所以劇情及細節他都已經想好了,我看到最後一版的劇本跟原版的變化不大,主要是給女主角加了一個好朋友。

李安做的每一個 project,裡面一定要有新東西是他以前沒做過的,他才會有興趣接,「有人願意花錢,讓我去探討一個新東西,何樂不為?」例如今天我們可以用電腦畫一個年輕人,還會演戲,這就是讓他興奮的新點。李安說,「拍電影就是上電影學校,而且是個永遠不會結束的學校。」當然你去把它完成,一定會精疲力竭。

他接手每部電影之後,都會參與劇本的編寫,從第一天到最後一天都在檢討,有時還需要妥協,刻刻跟編劇討論,把自己的想法讓編劇編出劇情來。萬一自己寫不出來,就找別人寫,然後再告訴編劇,「這就是我想要的,你去把它寫出來。」

像是「少年 Pi」的編劇 David Magee 是從頭參與到尾的,他是有名的好先生,他原來是一個舞臺劇的演員,大概因為長得不夠好看,老是演配角,心裡感到很憋,他最後一次在舞臺上演,人家要拿一桶水倒在他頭上,他就說不演了。

剛好他姐姐是做出版的，幫他找到一個修剪有聲書 book on tape 的機會，因為很多紙本書都很長，要做有聲書就得把它們修短，所以他對修改文章已經習慣了。後來有個機緣，他寫的第一個劇本就被提名奧斯卡，之後他就專心開始寫劇本。

他是一個好好先生，你跟他說什麼，他都會很有耐心的替你改，他乖乖的跟李安去台中拍「少年 Pi」，就在那邊做前製作、蓋水池，劇本也被李安改來改去，「少年 Pi」的劇本大概改了幾百稿。

記得我在唸研究所的時候，我的指導教授對英文非常挑剔，他說我們科學家講話一定要完全正確，我們實驗室十幾個人，只有我一個人是外國人，所以其他人都不理會他的話，只有我一個人在聽。他教我怎麼寫論文，他說，「你如果在這裡有問題，你一定要再往前翻兩頁去看，問題可能就在那。」寫劇本也一樣，你若發現這個地方有問題，可能前面就有問題了，你要帶著觀眾一起走一程，但不要把他們累死，要讓全體觀眾跟著你的心走，走到最後他們才會被感動。

也有人說，李安的電影都是囉裡囉嗦那麼長，「臥虎藏龍」搞個十幾分鐘也還沒開打，這是什麼武俠片？可是如果你沒有把劇情堆砌上去，一上來就打打殺殺，打完了你也忘了！楊紫瓊演的余秀蓮跟玉嬌龍打鬥時，楊紫瓊就說，「我們左腦要主打，右腦又要演感情戲。」

一般武俠片都會把鏡頭放得遠遠的，像在拍電視劇一樣，然後大家就開始啪啪啪的打，隨後鏡頭再靠近，大家再啪、踢、摔，看得很沒感覺。「臥虎藏龍」的 camera 切進去，鏡頭是在玉嬌龍的臉上、余秀蓮的臉上，你會看到她們拿刀子的手還在發抖，那樣子你才會有感覺。李慕白總共只刷刷兩下，因為他是大俠，不能打太多，才會顯出他是大師，都是兩個女的在打。

至於寫劇本可以拿多少錢？不一定，要看你的知名度。以前的編劇在跟李安合作時，都是又幫他做製片、又幫他寫劇本，李安需要的就是一個架構與對白，有些細節是他拍電影時才想出來的。

有些電影是明星的載體 star vehicle，人家是去看明星的，當然導演還是很重要，這種片子通常是在某個演員的地位已經很穩定、演技已經很成熟的時候才會發生的。

獲得去年奧斯卡最佳導演獎的趙婷 Chloe Zhao，她導演的 Nomadland 的劇本是著名演員 Frances McDormand 去把小說的版權估來 (option) 的，那部小說其實更像一篇比較長的新聞報導，討論美國的遊民 homeless people。

McDormand 去找趙婷，趙婷再把這個劇本寫出來。你看趙婷之前拍的是她在紐約大學帝勢藝術學院唸完以後，到印第安保留區拍的紀錄片。Nomadland 這個 star vehicle 的片子，還能讓趙婷得最佳導演金像獎，真是難得。

至於如何把小說版權估來（screen play option）呢？你需要跟原作者談判，讓他給你一些時間，來決定是要拍或是放棄，要拍了你再付錢。一部電影最後

是誰投資，其實很難講，就算打著 Universal Studio 牌子的電影，後面誰是金主，人家也不會跟你講。

李安拍片通常是人家找他，像「臥虎藏龍」是編劇蔡國榮跟李安在一個金馬獎的場合碰到，蔡國榮就提起有這麼一部武俠小說，跟金庸的小說比較不一樣，原作王度盧也不是那麼有名，應該比較容易把版權買過來，再自己去編劇，最後的故事跟那個小說裡寫的也不一樣。 我們從小就看武俠片，很多人做夢都要拍一部武俠片，是不是？因為可以很自由的編故事，隨你天馬行空的寫、誇張的拍都可以。

劇本也有各式各樣的，有一種叫 spec script，像我們寫毛筆描紅，像樣品屋，有人因為貪便宜買了一大堆，把它的內容發展一下再賣。 像是「理性與感性」，那本書已經有上百年的歷史了，所以它的版權已在公共領域，你愛拍、我愛拍都可以，製作人 Lindsay Doran 就找了 Emma Thompson 來編劇。Emma 本來自己沒有要演，因為原著的 Elinor 只有十九歲，後來她把 Elinor 的年紀變大，她就可以擔綱，也演得很好。雖然一開始她只是寫，可是我想她在寫的時候，心裡一定也想演了，結局你就知道了。

拍片天天有意外

我們有一次在摩洛哥的沙漠拍攝「比利•林恩的中場戰爭」，那天要拍比利衝下坡去救長官，又是 3D，又是高幀率技術 High frame rate，攝影機又大又重，放在一個車上跟拍，沒想到剛要下坡，裝攝影機的車子就爆胎了，所以原來安排好一整天的戲都泡湯了，要趕快去找一個承重量更大的車子，這種事情每天都會發生，而且沒完沒了，你知道一定會有意外，只是不知道意外會從哪裡冒出來。

比如說「雙子殺手」中用了 Will Smith，他的規定是每天從他出門到回家，只能 12 個小時，多一分鐘都不行。至於當天沒有戲拍的演員是否需要到場，要

看演員個人的決定，像梁朝偉就很敬業，他拍王家衛的電影，因為王家衛都沒有劇本，沒人知道下一步會怎樣拍，所以梁朝偉就算今天沒戲，他也會來看看有什麼進展，猜一猜導演接下來要拍什麼。

分鏡

分鏡就是 storyboarding，把要拍的一個個鏡頭事前畫下來。拍 3D 的分鏡要求更高，比如說今天水池要這樣拍，從上面有一條像滑輪的線，上面要掛多少燈，攝影機要怎麼用起重機吊起來，都要事先畫出來。分鏡在每部電影、每個導演的定義都不太一樣，此外，執行製作 production manager 會發「拍攝日程安排 call sheet」，讓演員知道幾點幾分車子會來接他去化妝、穿戲服，工作人員要準備什麼東西，分鏡不一定每次都要畫出來，有時列表就好了。這方面我知道得實在太少。

比如說「斷背山」裡，Jack 已經死掉了，Ennis 要去拜訪他的父母，拍 Ennis 到達、三人圍桌談話、Ennis 在 Jack 房間、回到樓下道別、Ennis 離開……拍攝的順序可能是由方便主宰吧，抵達與離開、樓下的戲、樓上的戲，主要是減少搬器材的次數，有時候可能還有特殊光線或情緒的考量，在 Jack 父母家的戲應該還沒有那麼複雜。

李安拍 3D 也是有分鏡，但跟以前不一樣，剪接比較少，它的分鏡也跟以前不太一樣，很難說有什麼規則，因為已經進步很多了。以前你計劃今天要拍什麼景，還要看天氣，等一片雲就可以等半天，現在不必了，你就用電腦把雲畫上去就可以了。

李安有一部賣座很慘的電影，叫「與魔鬼共騎」，裡面的男演員都是很有經驗的，女主角是歌手 Jewel，她沒有拍片的經驗，不知道如何善用自己的注意力及體力，如果先拍那些男生，她在旁邊餵戲，可能還沒正式拍到她，她就力氣耗盡了，所以後來就決定先拍她。

先拍誰，一般還分演員是大牌還是小牌，一定先拍大牌，大牌不肯等，一上來就要是最新鮮的狀態。「比利林恩」的英國演員 Joe Alwyng 是完全新手，他總得等對方拍完，攝影機才可能換邊拍他，他也很有禮貌，也能夠一直保持最佳狀態，真是難能可貴。

化妝與服裝

現在拍電影會用高解析度的攝影機，所以演員都不能化妝，因為你用的每一層粉底都會在攝影機下現形，所以要研究能夠看不出來的化妝、或是比較看不出來的辦法。演員一定要調養身體，晚上要睡好，不然早上就會出一臉的豆子。

服裝也有講究。我記得「冰風暴」是發生在 70 年代的故事，所以李安拍的時候，已經是 25 年以後的事了，差了一代，算是古裝片。他們那時狂找 70 年代的咖啡色及橘紅色的喇叭褲、還有各式各樣的假髮，像是 Sigourney Weaver 那頂有劉海的假髮就比較容易找。

「冰風暴」沒有很多預算，但他們的服裝設計師很有品味，所以她的手筆就很大，James 看到她就頭痛，因為她拿出來的東西都比較貴，李安一看就好喜歡。

配音與音樂

以前的國片拍得比較快，而且都是在香港拍的，香港又擠又吵，所以我們小時候所有片子的男主角都是陸廣浩的聲音，聽起來就會起雞皮疙瘩，記得嗎？

現在都是現場錄音。「臥虎藏龍」在台灣賣得不好，因為女主角叫余秀蓮，正好跟呂秀蓮同名，在大陸也賣得不好，是因為他們不喜歡楊紫瓊講的廣東國語，所以楊紫瓊需要來紐約錄音間配音，加上她演的余秀蓮是和事老，一講就是一大堆話。

我後來只要跟楊紫瓊說，「秀蓮與慕白」，她就要瘋掉。雖然李安也找過大陸最標準的普通話來配音，但就是沒有感覺，楊紫瓊的普通話雖然講的不好，可是她有感情、有東西，所以最後還是用她的原音。

基本上每部電影的音樂都是由導演決定的，至少李安的電影中任何音樂、每一個細節都是由他決定，完完全全是李安的電影。

音樂很少在一開始就存在，可能會有一段主旋律吧！很多時候是一面拍電影、一面做音樂。李安在做「冰風暴」及「與魔鬼共騎」的配樂時，因為「冰風暴」是70年代的故事，那時最會做這種音樂的音樂家沒空，加拿大人Mychael Danna是第二人選。「冰風暴」的戲裡有感恩節、有家庭疏離，李安想拍出這種感覺，Mychael建議用印第安人吹簫，效果很好。

接下來李安拍「與魔鬼共騎」，戲裡的南北戰爭是美國人打的，那時的美國人都是Anglo-Saxon，是從British Isle來的，Mychael是愛爾蘭人，他用了很多愛爾蘭民謠，所以他這部戲的音樂也做得很好，但下一部「綠巨人」，Mychael就不適任了，因為他不懂super hero的電影需要巨大澎湃的聲音。李安只好另外找了一個曾為The Simpsons作主題曲的Danny Elfman。有一天Elfman的家裡來了位鋼琴調音師，在那裡調音，幾個簡單的ding、ding、ding，就給了他靈感，最後就用那幾個音做了「綠巨人」的配樂。

多年之後，李安再度跟Mychael合作，為「Life of Pi」配樂，Mychael的太太是印度人，印度的主題他就做得很好，還得了奧斯卡最佳原創音樂獎Best Original Score，他們的印度親戚都興奮極了。

剪接

在開始拍片的時候，就要開始剪接了。拍「臥虎藏龍」時，李安的一天是八個鐘頭拍文戲，八個鐘頭拍武戲，剩下八個鐘頭就跟在紐約的剪接師討論。通常導演拍完電影沒幾天，剪接師就會把整個電影連串起來，給他看一遍。如果導演跟剪接師對電影有不同的看法，兩個人就需要在一起剪好幾個月。同時製作音樂的也可以開始了，當然要等整部電影都剪接好了，才能真正準確的去配樂，也就是要等圖像鎖定 lock picture 以後，才能夠把音樂配進去。

發行與宣傳

翻閱歷屆得奧斯卡的最佳影片，有些是你偶爾聽過、或是完全不記得的片子，而不少有名的影片卻都沒有得獎，例如李安的 Brokeback Mountain「斷背山」就沒有得到最佳影片獎，請問你記得那年的最佳影片是哪部嗎？得獎的影片跟它的發行人有絕對的關係！

「臥虎藏龍」在美國的發行是靠兩位非常厲害的行業專家，他們的公司叫 Sony Film Classics，是 Sony Pictures 下面一個專門行銷獨立製片、冷門電影及外國影片的公司。

外國片有沒有得奧斯卡，對它的票房影響超大的，像是「喜宴」、「飲食男女」被提名了，卻沒有得獎，那兩年得獎的都是 Sony Film Classics 代理的片子，這兩個人知道怎麼行銷，整年都在努力行銷。記得和「喜宴」同一年得最佳影片獎的是一部西班牙影片，而與「飲食男女」同一年得獎的是一部蘇俄片，這兩個人後來幫著行銷「臥虎藏龍」，總讓我見識到了他們行銷的功力。

現在一年 365 天，幾乎天天都有影展，2000 年時還沒那麼多，那時的電影是每年從 8 月開始行銷、開始參加影展，從 Colorado 的 Telluride Film Festival 開始，這個影展是一對 New Hampshire 夫婦辦的，他們從 1974 年就開始辦了。

Sony Film Classics 的這兩個人會在別人還不知道 Telluride 的名牌時，就率先去參加那個影展，他們不但走在風氣之先，也創造了風氣。就像大陸的暴發戶以前都指定買名牌，後來就只買那種人家沒有聽過的牌子，現在還去買名牌是很丟臉的。

一部電影參加影展，主要就是要給大家看到。被影展選中得獎，是一種榮譽，也可以增加在自己國家裡的知名度。在影展期間，最重要的當然是要賣片，影展到最後才會宣佈得獎名單。得獎固然對賣片有很大的幫助，但得獎的畢竟是少數，所以既然投資這麼多錢去參加影展，買賣雙方都會很努力的去賣片及買片。（買賣的是該影片的發行權。）

不光只是參加影展，大家還在底下在做生意，不能等得獎以後再談，談也不是只談一部電影，接著還有一缸子的電影要談。「喜宴」還沒得獎時，人家就來談發行權了，有人說這是什麼小爛片，但因為很便宜就可以買到，所以有些片商就會去賭，他買你的發行權 distribution rights，有美加的發行權、歐洲的發行權、亞洲、東亞、南亞一大堆。最後，一部電影在宣傳上花的錢，幾乎和製作的錢一樣多、或更多。

李安以前為了「飲食男女」、「喜宴」的宣傳，自己要跑很多國家。好萊塢的大片宣傳也有 press junket，例如在紐約做一場大的發佈會，讓演員、導演都出席，廣告、宣傳、商品等同時問世，同時也有雜誌、電視來採訪，至於小牌的亞洲記者呢？給你們一點時間採訪就不錯了。這種 junket 的花費不太大，宣傳還有很多其他的方式。

李安剛開始的時候，就是開部小租車去城裡剪接，他的前三部影片除了在影展外，沒有什麼宣傳，後來他去參加奧斯卡頒獎典禮，就得換成加長豪華轎車 stretch limo。一般來說，電影公司在拍片過程中，對於花費看得很緊，一毛一毛的跟你在那裡算，可是在宣傳的時候又是另外一回事。

至於電影公司怎麼決定哪部片子要拼奧斯卡？規矩很多，像是先決定片子的參選獎項，是外語片、動畫片還是紀錄片？片子的參選資格，例如片長多久、何時放映、在哪首映？一家電影公司不會把它所有的電影都推去競選奧斯卡，因為這可能造成自己打自己，而且也沒有那麼多的錢推那麼多部電影，所以電影公司都會精挑細選。

　　奧斯卡級的電影多是在盛暑猛片下片了之後，它們才上場，也就是從秋天以後到年底。原本奧斯卡是 2 月提名，3 月宣佈誰獲得提名，4 月頒獎，後來顧慮到金球獎是 1 月公佈，搶盡風采，所以奧斯卡被迫提早舉行。電影公司也不希望自己的電影放映的太早，怕大家會忘掉，所以都要等到年底才放映，又因為要播映一個禮拜才有被提名的資格，所以你在這一年拍完，要等到下一年上映後才有被提名的機會。

票房

　　某個大片的票房好不好，通常是在推出的第一個週末就決定了，第一個週末票房如果不如預期，你就慘了。還好現在還有網路的第二輪，像是 HBO、Netflix，所以還有起死回生的機會，當然網路能賣多少也很難說。

　　「Life of Pi」在美國的票房並不理想，但它在海外的票房就好的不得了。有的藝術片選擇慢慢來，它一開始時可能只在紐約的一家戲院放映，票房不錯，再到洛杉磯的兩家戲院，反應不錯的話再追加。

　　「臥虎藏龍」那時候也是慢慢的加，在德州放映時，戲院經理看到大家排隊，還出來跟買票的人說，「你們要知道，這一部是要看字幕的。」等於說明這是外國片，因為在鄉下地方要他們看字幕，他們就可能不看了。德州人都喜歡戴個大帽子，經理也會說，「我們現在要看電影，請把帽子脫掉，否則別人會看不到字幕。」

電影目前最大的市場是中國，現在在美國到戲院裡看電影的人並不多，而且基本上都不會去戲院，因為疫情的緣故，在家裡看什麼都有。

首映

首映時，通常都是由導演與明星在紅地毯上亮相，為電影做宣傳，李安接受訪問時，常常會像參加學術討論會一樣的認真，所以他會事先提醒公關，讓他講的簡短一些。大部分參加首映典禮的都是業界人士，主要是把辛苦工作的成果，正式介紹給大家，當然偶而也會有親朋好友參加，除了明星以外，大家都挺低調的。

很多人羨慕我有機會參加「首映」，走紅地毯，其實在台灣沒有什麼「首映」可談，我去過幾次，那麼小的一個台子，還圍起來，主持人也很糗，他講一講，記者寫一寫，有什麼意思呢？我只是一個老百姓，又不是電影行業裡的一份子，我就是坐在旁邊的一家冰店或咖啡店，在裡面等，有需要我的時候進去拍個照，我看絕大多數人都是看完電影就走了，這就是「首映」，有什麼意思？

談我自己

我覺得很羞愧，已經活到 65 歲，還不知道這一輩子是來幹嘛？我在 2008 年石頭去上大學的時候，就退休了。老實說，我以前在工作的時候，也是在浪費時間，只是有個正當的藉口推卻不想做的事，現在沒藉口了。

兩個小孩小的時候，我在帶小孩，那是我的主要工作，後來小孩長大了，沒得帶了，我就回台灣去帶媽媽，帶了很久，所以現在算是難得清閒，在這裡享受人生。你若問我將來要幹什麼，我真的不曉得，我是一個沒有創造力的人，你叫我今天創造一本書出來，我也沒有辦法，但我可以幫助別人寫。

記得在大三時，我們要修生物化學、物理化學，我真的不曉得老師在講什麼，每次上課時，我覺得老師好像都是在講開場白，到了要考試的時候，我實在沒有辦法，就到圖書館去問我們班上一個功課好的同學，那個好學生我們都敬畏到不敢直叫他名字，就叫他季同學。我問了他一個問題，發現他也是從基本的開始，在那邊慢慢算。李安拍片也是每天把幾百個大小的問題拼起來，做事就是要跟有這種特質的人去做。

從 1994 年到 2000 年，李安一共拍了五部電影，一路走來，我的生活沒有改變，我只是要做一些以前沒有做過的事，比如在小孩子學校放假時，我會帶他們去看李安拍片。帶小孩去看拍片是件很愉快的事ｖ我只要把他們帶到那邊，就可以放鬆了，因為片場有吃有玩，我都不必管他們。一直到後來，我們紐約郊區買的 825 平方英尺的小房子實在住不下去了，要買大一點的房子，事情才比較多。

我這個人是苟且偷生型，非得要應付，我才應付一下。我們家有客人來，我才會趕快整理一下，我不會特別去找人來清潔房子，因為太麻煩了。我們家以前還有一個游泳池，因為我是學化學的，就去驗池水的 PH 值，發現幫忙維修的人調的不對，而且游泳池的旁邊還有幾顆鄰居的大松樹，不但一直掉小碎葉，還把陽光遮住，水又特別冰，最後為了省麻煩，乾脆就把游泳池填掉了。

家裏還有游泳池的時候，我每天早出晚歸的在實驗室裡忙，一直到有一次阿貓說，「下午放學回來，在我們家後院看到 Racoon。」我想，大白天怎麼會有 Racoon？出去一看才發現我們家後面的草長的比人還高了，原來割草的人跑回墨西哥了，我竟然不知道，還在付錢給他。

我也陪李安走過紅毯，我還真是不想去，因為得買走紅毯時穿的衣服，也要時間及精力。我喜歡穿舊衣服，朋友來看我的時候，我就拜託她們帶些舊衣服來給我穿，我穿人家衣服時，還會想一會這個朋友真好。有人喜歡逛街買新衣，有人喜歡穿舊衣服，皆大歡喜。

我想邱彰跟我們一樣是個凡人，我們做實驗、拍片，絕大多數時間我們想要得到的結果都得不到，但是你要怎樣去把數據弄出來，去講一個故事，這需要一個特別的才能。大家都可以拼命的去做實驗，拍片的時候也都很認真，但不管爛片、好片，你最後總是要有一個東西出來，你也一定要跟有這種特質的人合作。一般人平常都是亂七八糟的事一大堆，但有人就是能夠從糟糠裡找到精華，把它弄出一個名堂來，我想邱彰就是這樣子的人。

我的博士論文

我是微生物學 Microbiology 的 Ph.D，畢業后就在一家私立的 Medical School 做 Post Doctor。我覺得只要臉皮夠厚，熬得下去，任何人都可以拿到博士吧！我的博士論文是研究腸胃細菌的，我的指導教授在這方面研究了很多年，那時還沒人重視這個東西。

相信大家都吃過各式各樣的優格與泡菜，自古以來，人類的每一種文明幾乎都有乳酸菌醱酵的產物，因為那對消化有幫助，不過你要知道，腸道的細菌幾乎都沒有辦法在體外繁殖，所以，能夠在實驗室培養出來，又可以大量生產成為利潤可觀的健康食品，讓許多廠商趨之若鶩，像「益生菌」之類的，它跟我們本身的腸道細菌是完全不同的，也沒有什麼關聯。

大家吃的優格，有的是胃裡的細菌，有的是從大便裡培養出來的。我個人覺得，從大便提煉出的細菌，就是因為它們不能夠存活，才被拉出來了，對不對？吃這種細菌對腸道健康沒有幫助吧？後來有人說，「不管了，我們就來賣，只要大做廣告，消費者就會買，而且很多人還會說，吃了以後非常有效。」

腸胃健康對個人的健康來說，是最重要的，現在因為 COVID 的關係，很多人呼籲要提昇免疫力，講得活靈活現，而無知的中文社媒又大肆宣傳，叫年紀大的人要多吃蛋白質，以增加免疫力，請問你知道你在說什麼嗎？

我們的小腸為了能夠有效吸收我們吃進去的營養，在內壁長滿了指狀的凸起物，叫做腸絨毛，絨毛上還又演化出微絨毛，大大增加表面積 40 倍及 600 倍。除了高效率吸取養分，腸壁同時也是全身免疫細胞最多的地方。

這些免疫細胞，一方面做為我們抵抗外來有害物的第一道防線，一方面也可能導致一些嚴重的發炎：例如對 gluten 敏感的乳糜瀉（小腸）、腸躁症（大腸）、潰瘍性結腸炎（結腸與直腸）、以及 Crohn's disease（口腔到肛門）。

常常聽人說「要增加免疫力」，其實並不是每一種免疫力都是你想要的，像這些惱人的腸胃毛病、季節性的敏感、對堅果、花生、有殼海鮮等的食物敏感……你絕對不要增加這類的免疫力！

消化系統充滿了跟我們共生的微生物，數量比我們自己的細胞還要多出很多，消化系統還有很多神經，當我們熬夜、緊張時，腸壁受到神經刺激、共生菌受到干擾，我們就可能拉肚子。我們在外地旅行時，環境的改變加上時差，共生菌也可能被打擾而讓當地的一些病菌趁虛而入，讓我們困在旅館浴室，痛失觀光機會。

當然我也有碰到一些人，覺得益生菌很有效，其實感覺才是重點，相信就是力量。

我也有一段時間做膽固醇的研究，系裡面另一位教授對於血管硬化有不同的理論，那時候還可以用猴子做實驗，他不給猴子吃任何不健康的食物，純粹給猴子一點點壓力，來証明單純的心理因素就能讓猴子血管裡累積斑塊，不過後來基於人道，不能用靈長類做實驗，同時沒有推薦用藥的實驗，就不容易找到研究經費，教授年紀大身體也不好，支撐不下就退休了。

不過請記住！壓力永遠是健康的最大威脅，快樂、有信心是健康的最佳良藥。如果你覺得益生菌有效，絕對不要多想，儘管繼續吃。

現在資訊爆炸最可怕的結果就是讓我們失去判斷力，看了似乎有理的文章就傳出去，結果大多時候是以訛傳訛！有一次台北醫學大學請我去跟他們一起看電影，那個主持人在台灣年輕人裡有一點名氣，他形容我是「給人家的話下句點的人」，我想是因為我在腸胃細菌方面做過研究，所以在這方面的資訊也比較多。

大明星 JP 的客廳

每個禮拜天早上起來，我都是雄心萬丈的，今天不必去實驗室，我可以好好的做這個、做那個，到了晚上就是我最沮喪的時候，因為我發現什麼事都沒做成。

我的禮拜天就像以前一位大明星的客廳，她每天去外頭表演回來，就把那晚的禮服的肩帶拉下，整件禮服就落到地上，她就跨越禮服去梳洗睡覺。我也是把每一件事做一做，發現我還有更重要的事情要先做，到了禮拜天晚上，我也有一大堆晚禮服丟在地上。

李安跟我截然不同，他是睡到中午才慢慢起來，先發呆半個鐘頭，然後做中餐給我們吃，下午他會跟小孩到後院去丟一下球，看一個劇本，晚上再燒一大桌菜給我們吃。李安在做菜，我不需要幫他，做菜是讓他最高興的事，我只要等他做完菜，把東西收好，連碗都不要洗，他要洗。

記得有一次我碰到系裡另外一位大陸來的人，我跟她說，「拍片真是煩死了，你去看拍片，你也不知道為什麼他同樣一個小貓鏡頭要拍二十遍。」她回答，「人家這麼煩、這麼囉嗦、這麼不順利，人家1、2年就有一部電影出來，我們一天到晚做實驗，我們1、2年能出幾篇論文？」有道理！

我想李安如果沒有我，他也會過的很好，他出去拍片的時候最高興，他完全可以自己照顧自己。至於付賬、洗衣服、日常生活的瑣碎事情，他都有助理幫忙，助理還可以幫他做 research，買東西，做所有的事。

好吧！李安拍片時，我也有別人難以取代的功能：每次他拍完片，我都是最後一刻才到，比如說拍 Gemini Man，一共有三個現場據點，這邊快拍完了、要搬到下一個據點時，我才去替他收拾亂七八糟的東西，否則他的助理會把它們全部寄回家，連用過的衛生紙都會寄回來，助理什麼都不敢丟。

我就把能丟、能送的都處理好了，再把要運到下一站的東西規劃好，我就回家了，一直到他的第三個據點拍完了，我再帶他去渡假、休養，所以我會在他拍完之前趕到。

李安的助理都是他自己選的，他有長期的助理 David Lee，是他的學弟，也是學電影的。李安拍片時還有拍片的助理，到外國去也有當地的助理。他選助理就是希望他們能幫他做 research，所以那些助理的水準都很高，大部分的助理都覺得這是一個機會，讓他們能夠看到拍電影的整個過程，他們都很有上進心，都準備以後獨當一面。

我只能掌控 2.5 小時內的事

剛退休的時候，我說我只要管好下面六個小時的事就好了，結果退休以後事情都出來了！我 2008 年 4 月回台灣，還被江漢拉去替馬英九助陣，回來美國以後，李安說現在連老二石頭都離家了，應該在紐約市裡買個地方住，他後來看了一些房子，等我回來做最後的決定。

之後我們買了一個地方，打算前面做剪接室，後面給石頭和兩位同學做男生宿舍，沒想到 Fox 為「少年 Pi」籌資金耽誤了大半年，開學時還沒裝修好，只好把我們自己的公寓收乾淨給兩位同學暫住，結果石頭又去了泰國拍片，兩位同學週末就大開 party，搞得我每週都得去收拾一大堆啤酒罐，再搬到我們鄉下做回收。其中有一個人喝醉酒，把腳踝骨給摔碎了，所以他每天下床去上廁所時，要用拐杖，我們家樓下的鄰居抗議太吵了！我就趕快去買一塊地毯，把地板鋪厚一點。

我的生活只能用「兵荒馬亂」來形容，我也發現我六個鐘頭的前瞻計劃不行了，只能計畫往下的 2.5 鐘頭要做什麼，其他的不要問我。

作爲網紅

李安第一次拍片，石頭才十個月，石頭現在已經三十一歲了，你看李安拍片拍了多久。

你一定知道英文字 Persona，中文翻譯是「外表形象」。網路上這幾十年來，有各種各樣的文章寫我們，那些跟我都沒有關係，文章後來也被改的亂七八糟，跟事實完全不合，我每天還是自在的過我的日子，你們要怎麼寫是你們的事。

我像一顆茅坑里的石頭，記者想從我身上挖東西，什麼都挖不出來，跟我談都是雞同鴨講。我就是想把事實盡量簡單化，就像我媽說的，錢能解決的問題都不是問題。我跟小孩說，如果哭有用的話，我們家每天會淹大水。

李安則是活在另一個世界裡，他的頭腦非常複雜，才能夠拍出那些大規模的電影給我們看，電影在製作時，李安在每個細節上都會斤斤計較，算得非常精準，至於其他非關電影的事，他則是完全沒興趣做、也沒有能力做，而我對於沒有希望的事，是不會浪費時間的。你可以說他自私，但沒有一個藝術家是不自私的，成功的人沒有一個不自私，你也可以不叫他自私，叫 focus 或是別的名字。

我們老是想要改變另外一個人，還不如改變自己的期望。大家都有這麼多煩惱的事情，為什麼還要把人生的事情複雜化？

從人際關係來說，有人說要禮尚往來，但我這老土還真不知道給人家買什麼東西才對，我想欠人情就算了，我真的給人家買什麼，說不定人家還要費時間找地方丟呢！

開個玩笑，在我的人生歷程中，我是爛人一個，我存在的唯一意義，就是讓你們看到如果連我這樣的人都可以活著，那你們是不是應該活得更好，這也

是一種意義吧。人生就是要想通、想開，想不開就會庸人自擾，我就算有煩惱也不去理會，因為煩惱是沒有意義的。

我覺得中國有些傳統文化非常不合時代，很多跟孔老夫子的思想有關，他說做人要謙虛，那是美德，還有什麼「女子無才便是德」，真是狗屁！我到美國來唸研究所，如果一開始我就跟大家說我不行，說多了他們就會真的認為我不行，那我還怎麼修碩士、博士？我必須說，「I can do it, damn it!」，孔老夫子很多東西現在都要修正。

我們家沒人理財

我們從 1986 年底就住在紐約郊區白原市 825 平方英尺的屋子裡，我們在那小屋子住了十年半，1997 年為「冰風暴」去了坎城之後又過了幾個月，我們才搬來現在的房子。

我們都是很懶的人，也可能是全世界上最不喜歡管錢的人，所以我們家裡沒人管錢。李安拍「推手」的時候，每一張支票都需要他簽名，拍完片之後，我要出差，留幾張填好的支票跟他說，帳單來時你填個數目、簽個名，就可以寄出，他緊張得不得了：「我怎麼會做這種事啊？」我說，「你在拍片時不是做一樣的事情嗎？」

舉一個例好了，四個 quarters 對我來講是很多錢，比一塊錢要多很多，因為可以洗衣服啊。石頭出生時，李安去領錢買東西，發現帳戶裡只有 46 塊錢，就算只剩那麼少的錢，他還是領了錢去買，也不會說要買一個比較便宜的，他也不曉得什麼是 coupon，他完全沒有這種概念。

以前還沒有網路通訊，大家還在打越洋電話的時候，很多人買電話卡來節省開銷。實驗室一位杭州來的同事十分熱心，特別去 Flushing 買「海浪」電話卡，

說 connection 比較好，也就順便幫我買了一張回來。

我很少打電話，就把卡給李安，「你要打電話時，就先打這個號碼。它背後有一條黑線，你把它刮一刮，刮開來就能用裡面的密碼。」結果李安刮得太用力，把整條都刮掉了，所以我們家不能用這種方法來省錢，一通電話也沒打，20 塊錢就被他刮掉了。我知道坐火車時若先買 10 次的票，可以省一個 trip，我買了聯票交給李安，結果他連那張票都搞丟了。

李安在布達佩斯拍片時，當地助理幫他在 IKEA 買了很多容器及可以在公寓煮的各種食物，幸好殺青時，我在那裡幫他收拾行李，堅持不准他把那些便宜的 Pyrex 玻璃容器寄回紐約。有一次他居然用 FedEx 寄回一包台灣花蓮的米，還寶貝得不得了，後來沒吃就生蟲了，丟給我們家的雞都不吃。

拍完「臥虎藏龍」回到紐約，一個禮拜六一大早，我接到一個卡車司機打來的電話，要確定我們家在哪裡，他說有十八箱的東西要運來，我放下電話就衝到實驗室去了，我連看都不要看。

他把「臥虎藏龍」裡俞秀蓮在安徽大宅的古董實木門楣給弄回來了，因為是木頭，所以美國海關怕亞洲蟲卵會被帶進來，把美國的樹吃光光，所以需要先扣關殺菌。經過那麼多折騰，最後淪落到院子另一頭的儲存棚，只有蜘蛛造訪，李安再也沒看過一眼。

我的一天

我一天的行程是早上起來，先看看有什麼 email、LINE 是應該回的，然後我有很多書要看，我最近在看的兩本書都是幫李安在看，雖然他並沒有叫我幫他看。

理論上，所有寄到我們家來的東西，都不應該打開，因為這有法律上的問題 -- 人家自行寄來的東西，如果你把它打開來看的話，萬一將來拍個什麼電影，人家就可以說是你抄襲他的。

比如說「斷背山」的配樂，就幾個音符，也被人家告，當然那跟李安沒有關係，可是那個作曲的還拉著李安出庭幫他作證。以前拍「臥虎藏龍」的時候，聽說有人告抄襲，如果被告，可能就要千里迢迢的跑到當地去出庭，所以信箱打開，不論是劇本還是書本，一併都應該丟入 recycle bin。

我剛到伊利諾大學時，我去考英文 placement 考試，回來路上碰到一個同學，他告訴我台灣來的青少棒在比賽，要我們一起去加油。這個同學後來有一次寄一封信來，他說在網上花了 3 塊錢就找到我們家的地址了，顯然要找到我們家地址很容易。律師告訴我們，正常的手續是所有我們收到的信，要先寄給李安的 agent，然後 agent 有一個標準格式的 release form 給寄信來的人簽字，我們才能看寄信人的東西。

可是我每次看到那些苦心創作的人，不管作品有多爛，都是一個人的嘔心瀝血，我實在忍不下心把它丟掉，所以寄來我們家的信，我幾乎沒有不看的，還好大部分真的都很爛，可以丟掉。如果對方有聯絡方式，我還會給人家一個回答，因為我狠不下心。我想大部分的人都不會成功，這些人只要有一丁點的鼓勵就好了。我這個人不會說謊，你寫的爛我也不會說好，我只是盡量講得比較正面罷了。

我昨天剛看完的一個阿富汗版的斷背山，李安從來沒有要我看，他以前還會說我，「你不要隨便給人家出意見，你又沒有受過正式的訓練，人家以為你懂，其實你一點都不懂，而且你的品味又那麼奇怪。」他以前有時候會叫我一起去看電影，我就批評這批評那，他說：「你不喜歡的，大家就一定都喜歡。」

多年前有位大陸來的博士，他因為生活壓力改學電腦，他在矽谷做事很多年，晚上就認真的寫書。他的湖北老鄉林彪，當初跟毛澤東一起打天下，最後

兩人關係破裂，林彪帶著家人坐飛機逃亡，不幸在蒙古墜機而亡。作者編了一個故事，讓主角從矽谷回大陸去調查，寫得非常精彩，不給他回信，良心上過意不去。

我回信說，「請問你這個要怎麼拍，縱使李安願意給你拍，你在罵大陸，你要在哪裡拍？不像你畫一幅畫，只賣給一個人就夠了，拍電影花那麼多錢，是要給最多的觀眾看的，現在最大的市場是大陸，你的電影大陸不能賣，大陸還會影響別的地方也不准放，這怎麼辦？你有一個天安門的場面，你要去哪裡拍？」

後來他給我寫回信，說他只是想讓我有一些觸動。他原來用中文寫，現在已經把它翻成英文了，他是不會放棄的。他又問我有沒有認識出版商，我說，「真的很不好意思，我什麼人也不認識。我只能告訴你我作為老百姓給的意見，鼓勵你而已。」

李安拍一部片子要搞個三、五年，他今年 68 歲了，愈來愈辛苦，真是難為他了！

李安父親過世

李安會拍「斷背山」是因為他拍的「綠巨人」票房很失敗，他很傷心，本來不想再拍電影了，他爸爸過去一直反對他拍片，這時卻說，「你才幾歲，你不拍，你這樣對小孩怎麼交代？」所以是他爸爸叫他再拍片的，他爸爸連他拍什麼都不知道，但這次李安還沒有開拍，爸爸就過世了。

那一年正逢情人節，李安在紐約忙著剪接，他辦公室有個同事 James 的爸爸是 Food & Wine 雜誌的主編，特別為我們找了一家不錯的餐廳，讓我們七年來第一次在新的小城上館子，也是破天荒第一次慶祝這個西方的情人節。

那天我在做完實驗以前，打電話給李安，我說，「我直接跟你在餐館碰面吧，那樣就可以省 10 分鐘。」他一接電話，聲音就很悶很低，我心裡想，老娘才不過遲到一下下，你就這樣！後來才知道是他爸爸已經不行了。

台灣比我們早半天，他爸爸媽媽在那天過了一個很好的情人節，他們去吃牛排慶祝。我公公平常不是溫柔體貼型，那天卻跟我婆婆手拉手，恩恩愛愛，自己還修了鬍子，到半夜他忽然就不行了，幸好偶而來他們家幫忙的女孩住在附近，她熱心腸的爸爸半夜三更立刻趕來，把我公公背去醫院。

所以當我打電話給李安時，他剛收到壞消息。他爸爸在台南，李安弟弟拿著手機在他爸爸身邊，讓李安跟他說話。我立刻衝回家，叫他助理給他訂了機票，然後我開車把他送到機場，他助理跟他在機場碰面，他們就回台灣了。

記得我們開在路上時，他弟弟也打電話進來，讓他繼續跟爸爸講話，他弟弟說，「爸爸應該有聽到你，只是沒有能力回答。」李安非常傷心，雖然他爸爸從小對他管的很嚴，但是很愛他。

李安爸爸過世的時候是 2 月 14 日，之前一個半月，趁著阿貓大學有一個月的寒假，父子倆去大陸為「臥虎藏龍前傳」勘景，然後回到台灣。那一年過年比較早，他們在台灣過完年才回美國，給了阿貓跟爺爺相處的機會。李安爸爸的觀念很傳統，特別疼愛長子，阿貓雖然不是長孫，可是他是長子的長子，所以李安爸爸也特別疼他。

我公公一直覺得他有義務告訴別人我是個好媳婦，我想他願意忍受我，可能只是個很俗氣的理由：因為我有博士學位，當然這是我猜的。

在我的感覺裡，李安爸爸和我爸爸去逝時都沒有受到太多的苦，都算圓滿。他父親很長壽，印象中是 87 歲，她媽媽和我媽媽現在 96 歲，我爸爸走的時候是九十八歲半。但我和李安得到了一個教訓：情人節不能慶祝，一直到今天，我們再也沒有慶祝過情人節。

好命的婆婆

那麼多年相處下來,婆婆對我也是愛屋及烏的好。以前他們兩人來我們這,婆婆和我會在後面偷偷批評公公,搏眾人一笑。可是若你當面說公公,讓她覺得有一絲絲的不禮貌,她馬上就會跳起來保護他。

我婆婆非常有母性,李安小時候跟一群人在鯉魚潭坐船,他太興奮就站起來,沒想到馬上噗通一聲掉到水裡,我婆婆不會游泳,但她的反射動作就是跳下去救他,這就是偉大的母性。

我婆婆生來好命,她爺爺曾做大法官,很疼愛她。據說,我婆婆從北京去天津相親,手上拿了一個小繡花包,還帶了一個丫環,這邊是大家把她送上火車,到了那邊人家就來接她,火車也沒有坐很久,這樣子她還能夠把手上那個小包給搞掉了,你就知道她的命有多好。

我的健康故事

我在懷石頭時,如果中午忙著做實驗沒吃飯,就覺得快要昏過去了,檢查心臟都沒有問題,我那時也就沒在意。等到石頭十個月時,李安要開始拍片了,家裡兵荒馬亂,我的脾氣本來就壞,那時更是不得了,一個禮拜就瘦了十磅。我的家庭醫生馬上想到是甲狀腺出了問題,因為我的心跳是一分鐘一百二十下,所以醫生給我吃降低心跳的藥,先把症狀給壓下來。

我本來還在自己餵奶,那時我就立馬斷奶,因為我除了吃藥,還要吞服微量的放射碘來測量甲狀腺的活性,所以不能再給小孩餵奶。

甲狀腺素的分泌，是由腦垂體來控制，當身體覺得需要多一些活力時，腦垂體就會分泌 TSH (thyroid stimulating hormone)，當 TSH 與甲狀腺表面的 TSH 受體結合時，甲狀腺就會分泌甲狀腺素來增加身體的新陳代謝。

甲狀腺亢進是一種自身免疫的疾病，通常發生在身體有重大荷爾蒙改變的時候，我和二姊都是因為懷孕引起的，而大姊比我們早，她在青春期就開始了。我們身體裡產生一種抗 TSH 受體的抗體，當這種抗體與甲狀腺表面的 TSH 受體結合時，甲狀腺以為是腦垂體送來的 TSH，就開始分泌甲狀腺素，在這些自身免疫的抗體不斷刺激下，我一整天都像剛跑完馬拉松一樣喘氣，睡覺也會被心悸叫醒。

控制甲狀腺亢進有三種方法：抑制免疫反應、切除甲狀腺或者利用放射線把甲狀腺破壞。甲狀腺位於頸部很擁擠的地區，通常避免手術切除，以免傷到副甲狀腺、聲帶與咽喉。放射治療的原理是利用甲狀腺是體內唯一含大量碘的器官，可以很精準的用放射碘來鎖定目標。

當時石頭的腦殼還沒有完全合起來，抱著的時候，頭殼還軟的部分就正好在我的脖子下方，李安忙著拍片、宣傳以及下一部電影的準備工作，婆婆幫忙了幾個月後就回台南，沒有人能幫我照顧石頭了，還好藥物控制我的免疫反應到一個還算可以的地步，我就沒有再去管它了。

這樣混了將近 15 年，到了阿貓大學畢業前夕，甲狀腺亢進的症狀又像排山倒海般壓頂過來，讓我完全無法招架，這時候醫生就用放射碘把腺體滅活，從此我就服用人工合成的甲狀腺素，過正常的生活。

又過了 14 年，媽媽中風之後，有一陣子我得照顧失智的她，壓力大、睡眠又經常被打斷，左眼就突出來了，原來 TSH 受體除了在甲狀腺表面，還有很多是在眼球後面的結締組織上，情緒失控時就會提高自身免疫抗體的數量與活性，刺激眼球後面的組織增生，把眼球往外推。還好經過半年多的修身養性，現在沒有看到過多的眼白了！

我們這些得甲狀腺亢進的人，其實是幸運的，因為它是最容易控制的疾病，也有很多人得了相反的自身免疫疾病，對甲狀腺產生不同的抗體，妨礙荷爾蒙的合成與腺體的功能，又很難找到適合的人工荷爾蒙補充量，所以經常會有體重過重、精力不足以及其他健康的問題。

我沒有宗教信仰

我沒有宗教信仰，目前只靠睡覺（先睡一覺，明天頭腦清楚再說）來對付一切。不過，我認識幾位基督徒，他們生命中的挑戰也不少，卻能夠心平氣和、很鎮靜、很理智、按部就班的處理問題，讓我偶爾也想向他們看齊，學習他們的智慧。

從小看到不少非常有愛心的傳教士，到偏遠的地區為當地居民服務，造橋修路，建學校、蓋診所甚至醫院，功德無量。長大來美國，除了類似聽聞，也聽到另一種極端，就是傳教士強迫原住民放棄他們悠久的信仰，要他們接受傳教士認定的唯一的神。歷史上因為信仰不同而引發無數的戰爭，實在令人困惑！難以想像無謂的生命犧牲和資源破壞，會是神的旨意！

我受科學訓練，比一般人多知道一點生物與無生物的奧妙，對於大自然有更多的崇敬。人類的文明（包括對自然的破壞）絕對不是單用進化論就可以解釋清楚的，可是這背後是一個什麼樣的主宰力量？至少在目前，我沒有辦法用各種宗教的解釋，來瞭解這個巨大的主宰。

簡單的說，人沒有辦法讓我認識神，只有神能夠讓我相信神，而我的時機還沒有到來。我希望我未來跟神的關係，不是基於恐懼或罪惡感，不是一個証券交易所，也不是一張銀行帳戶明細表，而是像一個有大概念、大智慧的師徒關係。

當然，我對所有的天然事物都有好奇心，保持一種開放的心態，隨時準備好要放棄固執、接受新的發現。我衷心希望在我的時機到來前，地球還沒被人類的貪婪、自私、自大、及種族歧視所毀滅。

　　這幾個禮拜看著蘇俄總統 Vladimir Putin 堅持要佔領烏克蘭，讓幾百萬在一個月以前還跟你我一樣過著正常生活的老百姓，頓時失去一輩子辛苦累積的成果，成為失根的難民，不知道 Putin 在祈禱時，跟神進行了什麼樣的對話？

　　東方講的因果輪迴在某些方面可以用所謂的表徵遺傳學 epigenetics 理解：一個人的行為與環境，雖然不會改變你的基因，但是可以影響到你的基因的表達，這種影響可以持續好幾代。我們這一輩子，要不就是來償還上輩子欠的債，要不就是為下輩子積德，想開了才能繼續往前走，不會被種種糾結卡在那裡，進退兩難。

　　在「Life of Pi」裡，當 Pi 好不容易把自己在海上飄流的生活穩定下來：一個有模有樣的座椅，頂上有可收可放的遮陽布，手把上還有可以放飲料的小裝置，又可以蒸餾海水變淡水，一罐罐飲水、一包包乾糧排列整齊，不再在老虎的勢力範圍，隨時可以取用。沒想到一陣風來，先就把他唯一的精神寄託（日記）從手中吹走，接著快刀斬亂麻般的把他所有的家當與生計全部毀滅。他問神，「祢已經帶走了我的家人，現在又要把我僅剩的一點點活命的希望也奪走，祢到底還要怎麼樣?!!」接下來我們只看到了更多的無情與絕望！

最愛旅行

　　世界上有很多地方我沒去過，所以我現在最喜歡的事就是出去玩，以前跟兩個小孩子到處走，每年都會去至少一兩個特別的地方，現在他們長大了，都有自己的伴，所以出去旅行是我最懷念的事。

為了拍片，李安最喜歡的就是勘景，上山下海都可以，隨便安排都高興的不得了。可是拍完的時候，他的心情就完全不同了，因為拍得太辛苦，只剩半條命，沒有多少力氣，所以在他拍完及開始剪接的中間那段時間，我得幫他安排度假，讓他喘口氣。

　　拍完「少年Pi」的時候，我們去了紐西蘭，因為片子後期製作讓他心力交瘁，所以太像電影場景的北島不能去，而當地火山地形太險峻，不適合脆弱的神經，我們只能在南島看看比較溫和的湖光山色。

　　「雙子殺手」是在匈牙利拍完的，那年夏天整個歐洲都炎熱不堪，只能往北區走，往山裡頭去，最後的選擇就是Slovakia。

　　拍片或宣傳後的度假，主要目的就是放鬆緊繃許久的神經，所以體力、視覺與行程上，都是要選衝擊力最低的，我甚至為他安排了休息日，我自己出去爬山。

最近看了一本書

我收到這本關於阿富汗的書，我應該把它丟到垃圾桶裡的，但我還是看了。它是一個年輕人的自傳，他一開始就說，「16 歲時，家裡為我辦了一個大的 party，親朋好友都來了。」

Party 上有另外兩個跟他一起長大的男孩，一個是他阿姨的小孩，阿姨很早就過世了，所以小孩跟姨爹住。姨爹是一個曾在美國留學的整形外科醫生，本來在好萊塢執業，後來回到阿富汗，他專門替阿富汗的女生補處女膜，很賺錢。另外一家是外交官的家庭，也很有錢，在他們三個好友當中，他算是比較沒錢的。

阿富汗是一個多山的國家，尤其是東北部，最高峰將近 7500 公尺，它的山不但高而且崎嶇，一座座山裡面都住著不同的部落，十分封閉，能在這麼富有挑戰的環境下生存的人，居民絕對是非常剽悍的。

他的媽媽是 Sunni 族，城市人，比較有文化，爸爸是 Shia 族，是邊疆民族，他們家是做地毯的。他爸爸後來在 Karbul 開了一家地毯店，阿富汗人編地毯，就像詩人寫詩一樣，有很多文化及情感在裡面。當他爸媽要結婚時，因為貧富懸殊，女方家裡非常反對。

1973 年趁著國王在意大利，Daoud Khan 領導了一個不流血的政變，結束了阿富汗的王朝，自己成為阿富汗第一任總統，到了 1978 年，經過一場流血叛變，政權落到共產政黨的手裏，從那時開始，阿富汗就從一個貧窮落後、但和平的國家，變成一個世界恐怖組織的溫牀。

這段時間中國也在阿富汗招兵買馬，作者的爸爸信仰毛澤東主義，還是金陵大學畢業，回到阿富汗後，繼續跟毛組織的同志們每週聚會。後來大陸覺得在阿富汗沒什麼希望，就退守了，撒手這些熱愛中國的學生不管。在那個節骨

眼上，這群熱血的毛信徒，還想要反叛，他爸爸就被抓了，後來被發現時已經死了。

男孩雖然是回教徒，可是他很早就知道自己是一個同志，他偷偷喜歡那個外交官的兒子，對方也有回應，這兩個人就有一點點秘密了，後來他們都被抓。

變亂來了，爸爸不在了，他兩個有錢的朋友都走了，他家剩他媽媽及比他小個四歲的妹妹，現在他成了一家之主，他就把家產全都變賣成錢，交給走私販者，想去巴基斯坦的聯合國難民營。沒想到他們被走私販騙了，過了邊界以後，他們反而被帶往另外一個方向，到了一個很深的山裡的沙漠，那邊有一個做地毯的工廠，專門生產編有蘇聯坦克大炮的地毯。

他很會編地毯，有一次他看到一個英國人來買地毯，他就利用這個機會，讓英國人看到他做的地毯不太一樣，又靠了爸爸以前的同志幫忙，他先逃到聯合國的難民營，在那邊住了三年，再輾轉逃到美國南加州。

這本書還沒看完時，我有一個鄰居在我們的信箱又留了一本書，寫的是南極的探險系列。這是下一本要看的！

Photo Credits

22 頁 照片 林惠嘉提供
25 頁 照片 林惠嘉提供
31 頁 照片 林惠嘉提供
34 頁 照片 林惠嘉提供
36 頁 照片 林惠嘉提供
39 頁 照片 林惠嘉提供
41 頁 照片 林惠嘉提供
44 頁 照片 林惠嘉提供
49 頁 照片 林惠嘉提供
52 頁 照片 林惠嘉提供
54 頁 照片 林惠嘉提供
57 頁 照片 林惠嘉提供
65 頁 照片 維基百科
67 頁 照片 維基百科
68 頁 照片 百度百科
72 頁 照片 百度百科
75 頁 照片 維基百科
77 頁 照片 邱彰提供
78 頁 照片 百度百科
79 頁 照片 維基百科
81 頁 照片 維基百科
82 頁 照片 維基百科
84 頁 照片 維基百科
85 頁 照片 維基百科
86 頁 照片 維基百科
87 頁 照片 維基百科
89 頁 照片 維基百科
91 頁 照片 Wikiversity
92 頁 照片 維基百科
102 頁 照片 林惠嘉提供
115 頁 照片 林惠嘉提供
116 頁 照片 林惠嘉提供

www.ingramcontent.com/pod-product-compliance
Lightning Source LLC
Chambersburg PA
CBHW051358110526
44592CB00023B/2868